100년의 힐링파워

정신분석은 치유다

100년의 힐링파워

정신분석은 치유다

J-D 나지오 지음 | 임말희 옮김

Oui, la psychanalyse guérit !

100년의 힐링파워
정신분석은 치유다

Oui, la psychanalyse guérit !

초판 1쇄 2018년 8월 25일
2쇄 2022년 3월 9일

지은이 | J-D 나지오
옮긴이 | 임말희

펴낸이 | 임말희
펴낸곳 | 눈출판그룹

출판등록 | 제399-2017-000042호
주소 | 서울 용산구 백범로79다길 32, B01
전화 | 02-522-0893
홈페이지 | www.nunhouse.creatorlink.net
이메일 | tropisme@naver.com

값 15,000원
ISBN 978-89-94347-59-2(03180)

파본이나 잘못된 책은 바꿔드립니다.

 이 도서의 국립중앙도서관 출판시도서목록(CIP)은 e-CIP 홈페이지(www.nl.go.kr/ecip)에서 이용하실 수 있습니다. (CIP 제어번호 : 2018026020)

100년의 힐링파워, 정신분석은 치유다! 어떻게 하면 이 확신에 찬 주장을 여러분께 입증해 보일까요? 분석가로서 저의 태도나 이론은 세월 속에서 많이 변하고 또 성장했습니다. 치료를 마치면서 제게 고마움을 표하는 분들도 점점 많아졌지요. 이제 열심을 다 해온 지난 50년의 치료 경험에 자긍심을 가지면서도 다시 새 마음으로 정진해 나갈 때인 것 같아요. 저는 지금도 임상경험을 개념화하고 가르치고 동료 치료자들과 나누는 일을 계속하고 있습니다. 이렇게 쌓인 소신 덕에 감히 여러분에게 단언할 수 있어요.

"예, 정신분석은 치료합니다!"

장-다비드 나지오

목 차

1장

환자의 회복을 위해 분석가는 어떻게 작업할까?
검은 수트를 입은 사나이

2장

해석을 한다는 건 환자에게 무의식적인 부분을 되찾아주는 것

3장

사례로 보는 분석가의 4가지 해석 유형

4장

치유는 수수께끼로 남는다

1장

환자의 회복을 위해 분석가는 어떻게 작업할까?

노련한 분석가라면 환자의 회복을 위해 다음 두 가지 미덕을 끊임없이 개발해야 합니다. 하나는, 내담자의 무의식의 숨겨진 흐름에 접근하게 해주는 세련된 감수성이고, 다른 하나는 분석가 스스로 자신의 무의식이 말하도록 가만히 둘 수 있는 기술이지요.

J.-D. Nasio

여기에서 저는 여러분에게 정신분석의 핵심 경험, 곧 환자가 회복으로 돌아서는 그 순간을 경험하게 해드릴 것입니다. 이런 결정적인 경험은 제가 내담자의 무의식과 직접

얽히게 되는 그 순간들에서 매번 일어나지요. 또 저는 환자가 회복을 향해 자신을 개방하도록 분석가가 상담 회기를 운영하는 과정도 여러분에게 보여드릴 거예요. 그러니까 새로 태어남을 향해 분석가가 환자를 동반하는 저만의 방식을 말씀드리겠다는 것입니다. 여기 동반을 한다는 것은 보면 아시겠지만, 환자의 손을 직접 잡고 간다는 뜻이 아니라 분석가의 무의식과 내담자의 무의식을 긴밀히 연결하면서 치료작업을 해내간다는 것입니다. 환자가 회복의 길로 들어서도록 하기 위해서 분석가는 어떻게 합니까, 물으신다면 저는 주저없이 답해요. "분석가는 그가 가진 최상의 도구, 제가 **도구적 무의식**inconscient instrumental이라고 부르는, 자기 자신의 무의식을 가지고 작업에 임합니다."

여러분은, 아니 물질도 아니고 개인의 무의식이 어떻게 도구가 될 수 있느냐, 그것도 환자를 치료하고 고통을 덜어주는 도구가 되느냐고 물으실 거예요. 분석가는 그가 아는 것과 말하는 것과 행동하는 것으로 환자를 치료하지만, 무엇보다도 분석가가 어떤 사람인가, 나아가 무의식 속에서 분석가 스스로 자신을 누구로 생각하느냐가 치료의 열쇠라고 저는 믿어요. 그가 속한 학파나 그가 사용하는 기법들을 넘어서, 분석가는 다른 것과 비교할 수 없는 중대하고도 미묘한 도구를 갖고 있어요. 그건 바로 그의 사람됨. 분석가 자신도 모르는 가장 내밀한 곳에서 그 자신이 누구냐는 것이지요. 이게 바로 무의식이에요. 무의식은 분석가가 누구인지를 결정해주는 우리의 숨겨진 부분, 치료자로서 행동할 때 괴로워하는 환자들 앞에서 우리가 누구인지를 결정해 주는 바로 그 부분입니다. 그러니까 분석가는 자신의 무의식, 곧 자기의 도구적 무의식으로 환자와 작업하고 치료하는 것입니다.

하지만 이걸 꼭 기억하세요! 분석가가 가지고 작업하는 무의식은 일상의 평범한 무의식이 아니라 승화되고 인격적인 무의식이라는 것을요. 그렇고말고요. 우리 분석가들의 무의식은 수년간의 분석 경험과 분석 작업으로 닦여지고 또 닦여진 정제된 무의식이지요. 그토록 오랜 시간 환자들을 청취하면서 자신을 내적으로 더욱 잘 알게 되고, 자기 자신과 더 많이 대화하면서 깨끗하게 빚어진 무의식이죠. 아직 젊은 분석가의 경우라면, 정기 수퍼비전을 통해 임상에서 불가피하게 만나는 어려운 문제들을 해결하고 치료자로서 감수성을 연마하는 데 수퍼바이저의 도움을 받아가며 형성된 그러한 무의식이지요. 또한 임상 현실에 맞추어 끊임없이 조정되고 재창조되는 정신분석의 이론들에 대한 부단하고 열정적인 탐구를 통해서 빚어진 무의식이죠. 요컨대 분석가는 탄력적으로 다듬어진, 환자와 더불어 공명하는 자기의 수용적인 무의식을 가지고 환자와 작업하는 것입니다.

∗

그렇다면 실제로 저는 어떻게 저의 도구적 무의식을 가지고 일할까요? 이에 대한 대답으로, 제가 집중해서 환자를 경청할 때 제 정신 안에서 일어나는 중요한 일들을 여러분과 나누고자 합니다. 이렇게 한번 상상해 보세요. 여러분이 제 상담실에 들어와서 보이지 않는 투명인간처럼 제 곁에 가만히 앉으시는 겁니다. 그런 다음 요술돋보기를 들고 환자한테 집중해 있는 제 머리와 심장에서 어떤 일이 일어나는지 보시는 거예요.

1장은 두 파트로 되어 있어요. 앞부분에서는 분석가가 환자를 청취하면서 자기 안으로 잠수해 들어갔다가 다시 수면 위로 올라와 자기 내면에서 목격한 환자의 내부 상태를 환자에게 전달하는 분석 활동을 보실 것이고, 뒷부분에서는 이러한 분석적 청취를 구체적 사례로 보여주는'검은 수트를 입은 사나이'를 만나게 되실 거예요.

치료자로서 제가 가진 소신은 이런 것입니다 : 분석가가 자기의 도구적 무의식을 사용해 환자를 청취한 다음 폐부를 찌르는 적확한 말인 해석을 건넬 때, 환자 자신이 스스로에 대해 갖고 있던 부정적인 지각을 포기하면서 내담자의 상태가 좋아진다!

5단계로 이루어진 분석가의 청취

천천히 차근차근 살펴봅시다. 분석적으로 듣는다는 건 뭘까요? 환자를 청취하는 일은 단순히 좋은 마음으로 환자의 말을 들어주는 것과는 전혀 다른 차원입니다. 분석적으로 듣는다는 건 환자의 언어적 비언어적 표현들에 매우 집중해 있는 상태를 말해요. 여기서 제가 제안하는 분석적 듣기는, 흔히 무심한 상태로 잘못 이해되고 있는 분석가의 듣기태도인 '떠도는 주의attention flottante=evenly hovering attention'[1]와는 전혀 다른 것이에요. 제가 말하는 듣기란 내담자가 말하는 것에 분석가가 능동적으로 집중하는 것이며 내담자가 하는 말들 너머를 들으려는 것이고, 특히 그의 의식적 감정을 분석가가 자기 안에서 느껴 보려는 것이며, 가능하다면 환자가 의식하지 못하는 고통의 감정까지 느껴 보려 하는 것입니다.

동사 '듣다'와 '청취하다'의 차이를 가지고 설명을 해 볼까요? '듣다'는 외부의 소리나 들려오는 음성들을 귀가 지각하는 청각 활동이며, 또 '이해하다'의 동의어로 사람들이 건네는 말이나 구절에 의미를 부여하는 행위입니다. 보통 우리는 사람들이 말하는 것을 듣고, 그 말의 음성을

1) 프로이트가 제안했던 분석가의 듣기 태도

지각하며 내뱉어진 문장의 의미를 이해하지요. 이것이 동사 '듣다'에 포함된 의미예요. 반면 '청취하다'는 전혀 차원이 다릅니다. 청취를 할 때는 우리에게 어떤 소리도 들리지 않아요. 청취할 때는 들리는 소리나 그 의미도 초월하게 되고, 거슬리는 소음도 안 들리고 주의를 흐트러뜨리는 생각에도 무관심해지죠. 이것이 '청취하다'에 포함된 의미입니다. 요컨대 **사람들은 단어를 '듣고' 무의식은 '청취' 하지요.**

이제 분석가가 환자의 내부세계와 정서를 온전히 집중해서 들을 때 무슨 일이 일어나는지 볼까요? 고도로 집중된 이 상태는 이후에 여러 단계를 거치게 되는 청취의 최고 정점이에요. 청취는 하나의 과정으로 다섯 단계로 이루어져 있어요.

각 단계를 깊이 조사하기 전에 여러분에게 전체 그림

을 보여드리고 싶군요. 첫 단계에서 분석가는 환자의 행동거지와 자태를 주의 깊게 관찰해요. 그러므로 청취의 첫 단계는 관찰이에요. 그 다음, 분석가에게 환자가 말을 걸어올 때 치료자는 들려오는 말과 환자의 태도가 지니는 잠재적 의미를 알려고 합니다. 따라서 청취의 두 번째 단계는 이해예요. 세 번째 단계는 청취의 최고 절정으로서 이때 분석가의 청취가 온전해지는데, 분석관계에서 가장 흥분되는 지점이기도 하죠. 바로 이 지점에서 분석가의 도구적 무의식과 환자의 무의식이 혼연일체가 되기 때문입니다. 저는 이 순간을 결정적 순간으로 보는데, 두 사람의 무의식이 이렇게 긴밀하게 융합되는 바로 이 순간부터 치료가 가능해지기 때문이에요.

달리 말해 이 중대한 세 번째 단계가 안 나타나면 치료는 어려워집니다. 역으로 말해서, 치료 종반에 환자 상태가 명백히 좋아진다면 분석관계에 있는 두 사람도 모르는 사이에 두 무의식의 상호침투가 일어났었음을 되짚어 추론해 볼 수 있지요. 여기서 분명히 짚고 가야 할 것이 있어요. 제가 방금 '두 무의식이 긴밀하게 융합된다'는 표현을 썼는데, 이 표현이 여러분에게는 '무의식간의 소통'이란 구절을 떠올리게 할 거예요. 하지만 이제부터 제가 할 일은 이렇게 실타래처럼 얽힌 두 무의식이 서로 떨어져 나오게 하는 것입니다. 이 세 번째 단계가 바로 **청취 본연의 단계**지요.

다음 단계는 말로 설명하기가 참 힘든 단계로, 치료자가 환자 무의식 속에 입주하는 단계입니다. 말하고 있는 환자가 현재 느끼고 있는 감정이 아니라, 아동기에 그가 느꼈으나 곧 억압해버린 트라우마 감정을 분석가가 뼈저리게 느끼는 단계지요. 오늘의 분석가가 상처 받은 과거의 아동에 동일시하는 단계인 겁니다. 사례를 들어보죠. 한 우울한 여성 내담자가 찾아와 제 앞에 앉습니다. 그녀는 우울하고 더 이상 삶에 의미가 없다고 말해요. 그녀가 눈물을 터뜨리는 순간 상담실을 엄습해오는 건 슬픔입니다. 이때 저도 그녀의 우울을 느껴요. 그렇다고 저까지 우울해지는 건 아니면서 말이죠. 어떤 내담자가 불안을 느낍니다. 그렇다고 저까지 불안해지는 건 아니면서 말이죠.

분석가로서 환자의 감정에 동일시하는 이런 과정은 매우 중요합니다. 인간은 누구나 상대방 감정에 자발적으로 참여하는 경향이 있어요. 우리는 매일 배우자, 형제, 자매, 사녀의 고통이나 기쁨을 함께 나누며 살아갑니다. 하지만 임상가로서의 분석가는 전혀 다르죠. **정신분석가는 환자가 오늘 더 이상 느끼지 못하는 어제의 트라우마 감정까지 느낀다**는 데 그 특이성이 있어요. 분명히 저도 내담자가 지금 느끼고 있는 그 슬픔을 느껴요. 그러나 분석가로서는 그 슬픔 아래에 흐르는 증오 역시 느끼지요. 과거에 지독한 실망으로 생긴 그 억압된 증오를 말입니다.

이때 저는 과거에 절망으로 정신적인 외상을 입은 그 어린 소녀와 나 자신을 동일시하는 것이죠.

우울한 슬픔의 감정 뒤에 숨은 증오의 감성을 치료자가 느끼는 사례를 소개하고 보니 문득 젊었던 저의 인턴시절이 떠오르네요. 어느 날은 당시 정신과 과장님이셨던 골덴베르 교수님이 제게 이런 지시를 하셨어요. "나지오 선생, 이제부터는 어르신들을 맡게. 노년기 주요우울증 환자들 말일세." 하얀 가운을 걸치고 아침 8시부터 대기실 앞을 지나가던 제 모습이 아직도 선연해요. 댓바람부터 야위고 음울한 노부인들로 가득했던 그 환자 대기실을 말이죠.

그 우울한 할머니들은 자기 주치의를 보러 간다는 일념 하나로 새벽 5시면 잠에서 깹니다. 하루 종일 쪼그라든 노부인들을 한 분 한 분 만났던 기억이 나네요. 왠지 모르지만, 저는 당시 할머니들 대부분이 원한을 품고 있다는 인상을 받았어요. 그들은 침울하고 슬픈 모습이었는데, 그 슬픔은 지독히도 뼈저린 것이었지요. 당시 제게 비친 인상은 적어도 그런 거였어요. 이후 열심히 공부도 하고 임상경험이 쌓이면서 비로소 저도 우울증의 본질이 증오라는 중요한 사실을 알게 되었지요. 그리고 내담자의 절망 밑에 자신이나 타인에 대한 증오가 있다는 것을 알아차리게 하는 것이 우울증 치료의 핵심이라는 것도 알게 되었습니다.

청취의 네 번째 단계로 다시 돌아와 보죠. 이 단계에서 이루어지는 분석가의 정신적 제스처는 단순한 공감이 아닌 이중의 공감이라고 할 수 있어요. 상담실에서 현재 환자가 느끼는 그 감정에 동일시하면서, 분석가는 아이였을 때 환자가 경험했지만 깊숙이 묻어버린 과거의 외상 감정에도 동일시하는 겁니다. 따라서 이 네 번째 단계는 상처 입은 아동의 억압된 감정에 분석가가 동일시하는 단계라 할 수 있지요.

벌써 청취의 다섯 번째 단계까지 왔군요. 이 마지막 단계에서 분석가는 내담자와 동일시하는 과정에서 찾아낸, 그가 과거에 경험한 트라우마 감정이 무엇이었는지 내담자에게 말로 전달합니다. 이렇게 억압된 감정을 언어로 표현해주는 일은 환자에게 짐을 덜어주고 치료를 향해 나아갈 수 있게 해주죠. 청취의 마지막인 이 다섯 번째 단계가 바로 해석입니다. 분석가는 부드럽게 제안하는 태도로 쉬운 단어를 써서, 과거에 억압된 아동이었던 지금의 내담자와 동일시하는 과정에서 그가 강렬하게 느꼈던 환자 안에 숨겨져 있는 정서를 표현해 줍니다. 이후 장에서, 제가 애용하는 해석의 4가지 형태를 구분해서 다시 설명 드릴 테지만 이야기적 해석, **해석적 활유법, 제스처를 통한 해석, 주관성의 교정** 등의 네 가지 해석방법은 환자로 하여금 지금까지 자기 내면을 갉아먹어 온 외상의 감정을 그 자신의 것으로 받아들이게 해줍니다.

*

이제 정신분석적 청취의 5단계를 간단히 요약해 보죠.

분석가는 관찰하고
환자를 이해하려고 하며
환자 심연까지 깊숙이 내려가 온전히 듣고
환자와 동일시함을 통해 마침내
환자에게 자신의 해석을 전달한다.

물론 이 청취의 단계들은 서로 뚜렷히 구분되는 것도 아니고 위의 순서로 꼭 진행되는 것도 아닙니다. 때로는 이 단계들이 한 순간, 곧 해석의 순간에 한꺼번에 응축돼 나타나기도 합니다.

*

각 단계를 자세히 살펴보기 전에, 이 청취 과정을 조건화하는 두 가지 전제를 말씀드려야 겠군요. 어떤 전제일까요? 첫째이자 가장 중요한 전제는, 청취가 일어나기 위해서는 무엇보다 **고통스러워하는 환자의 소리 없는 내면세계로 기꺼이 들어갈 수 있어야** 한다는 것입니다. 환자 자신이 내면에서부터 알고 있는 바로 그 사람을 분석가도 내면으로부터 알고자 하는 마음이 있어야 한다는 것이죠. 누군가를 내면으로부터 안다는 것은 무슨 뜻일까요? 상대방이 자신을 알고 있는 그 모습대로, 그 사람을 안다는 것입니다. 때로는 자신감이 넘치고 때로는 취약하며, 자긍심이 하늘을 찌르다가도 자기 비하에 몸부림치고, 때로는 너무 매력적이지만 가끔은 너무 별로인 그를, 있는 모습 그대로 안다는 것이지요.

요컨대 치료적 청취의 첫 번째이자 가장 중요한 전제는, 내담자가 여성이건 남성이건 아동이건 그 사람의 내면을 이해하려는 진정어린 의욕을 가지는 것이에요. 환자의 내밀한 세계에 들어가 보려는 체화된 의욕을 가지고 "환자 스스로 자신을 내면에서부터 아는 것보다 내가 더 그를 잘 알기 원해"라고 분석가가 말할 수 있어야 한다는 것이죠. 상대에게 가닿으려는 이러한 욕망이 분석가에게 없다면 어떤 일도 일어나지 않게 돼요. 반대로 분석가가 환자가 자신을 아는 것보다 더 그를 잘 알고 싶은 욕망에 추동된다면, 분석가의 진실한 의욕을 예민하게 감지한 환자는 덜 방어적인 태도로 상담에 보다 수용적인 자세로 임하게 됩니다.

두 번째 전제는 이것입니다. 제가 여러분에게 자세히 말씀드리려는 청취 경험은 제게 있어서도 하나의 이상이에요. 종종 저도 이런 이상적인 상태에 도달하지만 제가 원한다고 항상 되는 것도 아니고 모든 환자와 그 지점에 도달하는 것도 아닌데다, 같은 환자라도 회기에 따라서 그러한 청취에 도달하기도 하고 그렇지 못하기도 하기 때문이죠. 하지만 오랜 임상경험 속에서 저는 이런 이상적인 청취를 점점 더 자주 하게 되었고, 이렇게 축적된 경험은 제가 환자의 내밀한 현존에 늘 민감하고 신중하게 깨어있도록 해 주었지요. 환자와 점점 더 깊은 내밀함과 민감성을 유지하게 되는 이러한 경지에는, 그가 어떤 정신분석 학파에 속해 있건 환자가 회복될 때까지 전심으로 청취에 임하는 분석가라면 누구나 도달한다는 것을 알 수 있습니다.

I. 관찰

이 두 가지 기본 전제를 염두에 두면서, 이제 청취의 첫 단계인 관찰에 대해 살펴볼까요? 인간은 대개 관찰의 재능을 선천적으로 가지고 있는데, 분석가는 특히 이 재능을 끊임없이 갈고닦아야 합니다. 저는 종종 제자들에게 관찰 놀이를 해보라고 합니다. 사람들을 관찰한 자료를 가지고 스토리를 만들어 보라고 하죠. 여러분도 한번 해보시기 바랍니다. 예를 들어 여러분이 전철을 탔다고 상상해 보세요. 무심히 혼자 앉아 있다가 갑자기 맞은편에 아주머니 한 분이 앉아 있는 것을 발견해요. 당신은 그분을 힐긋힐긋 관찰하고 나서 시선을 조심스럽게 돌리며 속으로 이렇게 말하는 겁니다. “저 아줌마는 고양이랑 단 둘이 사는 과부일 거야. 지금은 30대 정도 되는 딸집에 가는 길이고...” 또 그녀의 근심어린 표정을 보며 이런 상상도 해보는 것이죠. “아줌마는 불과 얼마 전에 이혼하고 어린 아들의 양육권을 전남편과 나눠 가진 딸을 어떻게 위로할까 걱정하고 있어.” 이런 식으로 스토리를 만들어 보는 거예요.

여러분의 정신 근육이 풀어지지 않도록 잘 붙드세요. 관찰을 하고 상상력을 동원하세요. 이 두 가지 훈련은 동전의 양면처럼 늘 함께 갑니다. 혹자는 이렇게 대꾸하실

지 모르겠군요. "저는 이미 그렇게 하고 있어요!" 그렇다면 "잘하고 계신 겁니다. 계속 그렇게 훈련하세요. 당신이 분석치료를 하고 계시다면 더더욱요!" 지금도 제 감동어린 추억 속에 살아계신 프랑수아즈 돌토 선생님께서는 제자들을 훈련할 때 이렇게 권하곤 하셨어요. "훌륭한 아동분석가가 되고 싶으면 진료실에만 있지 말고 동네 놀이터에 가보세요. 모래사장 근처 벤치에 앉아서 신문으로 얼굴을 살짝 가리고, 아이들끼리 어떻게 행동하고 서로 무슨 말을 하는지 유심히 한번 보세요. 부모들의 태도도 잘 살펴 보시구요." 얼마나 좋은 조언인지 모릅니다! 아이들의 말과 행동을 가장 잘 이해하는 방법은 그들을 삶의 한가운데에서 만나는 거예요. 요컨대 치료자는 민감성을 키우고 상상력을 동원해야 한다는 것입니다.

상대에게 가닿으려는 의지를 가지고 분석가는 환자가 사는 법을 관찰하고, 그의 목소리 톤을 알아차리고, 그의 동작들이며 얼굴 표정들과도 만나지요. 훌륭한 청취는 섬세한 관찰에서 시작됩니다. 초인종을 누르는 내담자에게 현관문을 열어주고 대기실로 안내하면서 저는 오감이 깨어나는 것을 느낍니다. 시각, 청각, 촉각... 모든 감각이 깨어나죠. 악수를 하면서부터 벌써 환자 손이 찬지 부드러운지 축축한지 느낍니다. 종종 상담실까지 들고 오는 가방이나 물건도 유심히 살피지요. 혹 환자의 가방이 열려 있거나 하면 슬쩍 그 속을 들여다보기도 해요. 물론 티 나지 않게 말이지요. 때론 대놓고 묻기도 합니다. "가방 속에 뭐가 있나요?" 어떤 분들은 환자의 물건을 제가 유심히 본다는 걸 알고 일부러 가방을 열어놓고 제 반응을 기다리기도 합니다. 저는 냄새에도 민감해요. 어떤 남성환자는 민트 껌으로 알코올 중독을 가리려고 하지만 폐에서부터 뿜어져 나오는 술 냄새는 결코 가릴 수가 없지요. 아동 환자의 경우는 놀이책상에 어떤 자세로 앉는지, 손과 발은 어떻게 움직이는지도 자세히 봅니다. 저와 마주보고 소파에 앉는 성인 내담자의 경우는 그의 부주의한 얼굴 표정이 나 미묘하게 신호를 보내오는 눈빛에 주의를 하지요.

관찰과는 별로 상관없는 얘기지만, 여기서 제 치료철학을 지탱하고 있는 소신 하나를 여러분과 나누고 싶습니다. 이 원칙은 프로이트가 말년에 정립한 것이기도 한데, 인간의 정서 표현들은 그 사람의 정신적 연장선이라고 보는 태도예요. 프로이트는 인간의 외적 현실세계는 무엇보다 그 사람에게 정서적으로 중요한 존재들과 물건들로 채워져 있다고 봤어요. 우리가 맺고 있는 정서적 관계들이 우리의 정신상태를 외부로 표현해 준다는 것이지요. 저 또한 환자의 언어적 비언어적 표현에 국한하지 않고 환자의 인성과 관련 있는 것이라면 모두 살펴보는 편입니다. 그와 관련된 모든 것을 그가 가진 정신의 연장선으로 보면서 말이지요.

예를 들어 남성 환자가 아동을 데려오면 저는 그 아

이를 다정하게 맞이합니다. 마음에서 우러나오기도 하지만, 아이가 내담자인 아버지의 생생한 연장선이라는 점을 잊지 않고서 그렇게 하지요. 상호 신뢰를 바탕으로 치료가 무르익게 되면 여성 환자들에게는 반려견을 데려와 보라고 제안하기도 해요. 개를 데려온 대부분의 여성 내담자는 자신이 누워서 자유연상을 하는 카우치 발치에다 개를 꿇어 엎드리게 합니다. 어떨 때는 (항상 환자의 전이[2] 상태를 감안하면서) 가족 앨범을 가져오라고 해서 한 장 한 장 같이 넘겨보기도 하고, 엠피쓰리 플레이어를 가져오게 해서 그가 어릴 적에 듣던 노랫가락을 함께 감상하기도 하죠. 그렇지만 어떠한 경우에도 환자랑 같이 놀자는 취지는 결코 아니에요. 이렇게 함께 나눈 시간들 덕분에, 아주 풍성하고 환자도 잘 받아들이게 되는 해석을 제가 끌어내게 되는 경우가 많지요. 이쯤에서 분명히 해둘 것은, 이렇게 환

2) 전이transference㊞/transfert㊟: 내담자가 원가정에서 양육자 혹은 중요한 일차 대상과 경험했던 관계 패턴을 분석가에게 투사하여 재경험 하는 것 –역주

자랑 교류할 때 저는 환자의 영혼에 아주 밀접하게 머무는 느낌이 들지만, 분석가로서 한시도 본분을 잊지 않을 뿐더러 환자가 성인이건 아동이건 저를 제멋대로 편안하게 대하도록 두지도 않는다는 것입니다. 다시 정리하면, 분석가는 환자의 말만 듣는 것이 아니라 한 인간이 자신의 삶을 전달하기 위해서 동원하는 모든 신호들에 민감하게 깨어 있다는 것입니다.

청취의 첫 단계인 관찰 단계에서, 분석가가 관찰에 임하는 자신을 관찰하는 일도 아주 중요하다는 것을 꼭 말씀 드리고 싶습니다. 저는 이렇게 다짐하곤 해요. "행동해야 하고, 자신이 행동하는 모습을 관찰해야 하고, 이 행함에 이론적 근거를 댈 수 있어야 한다!"

II. 이해

청취의 두 번째 단계에서 치료자는, 관찰에서 얻은 다양한 모습들을 토대로 환자를 괴롭히는 근원적 갈등을 헤아려 보려고 합니다. 환자가 자기 자신에 대해서 갖고 있는 부정적인 이미지, 나아가 고통의 근원으로 더 심층에 자리하고 있는 무의시저인 도착적 환상들을 추론해 보려고 하지요. 앞서 언급한 그 알코올 중독 환자를 예로 들어봅시다. 껌으로 술 냄새를 감추려던 그 남성에게 있어서 중독은, 이미 오래된 불안이나 가눌 수 없는 슬픔을 보여주는 거품에 불과하다는 것을 우리 치료자들은 알지요. 실제로 알코올 의존 환자들이 불안이나 우울 때문에 음주를 한다는 것은 자주 확인이 되고 있죠.

중독자가 남성일 경우는 대개 자신의 불안을 감추기 위해 술을 마십니다. 특히 성적 무능이나 사회적 실패에서 오는 불안 때문에... 여성은 대부분 쓰라린 고독에서 오는 슬픔을 잊어버리기 위해서 술을 마시죠. 아무도 그녀를 더 이상 사랑스럽게 보지 않고, 그녀 또한 아무도 사랑할 수가 없을 때... 불안에서 왔건 슬픔에서 왔건 알코올 의존은 언제나 권태의 얼굴을 하고 있지요. 여성이건 남성이건 음주자는 바로 이 권태를 없애려고 술을 마십니다. 이 권태로움이 항상 불안이나 슬픔을 감추고 있다는 건 모르는 채... 환자랑 함께 이런 불안이나 슬픔을 설명해 주는 정신의 표피들을 하나씩 벗겨보는 일이 바로 분석가의 작업이지요. 환자로 하여금 알코올 의존으로 사랑을 대체하게 만들었던, 그 불안과 슬픔을 함께 탐구해 나가는 것이지요. 더 정확히 설명하면, 청취의 두 번째 단계인 이해 단계에서는 환자와 분석가가 지성을 사용해 증상의 발생 경로를 거꾸로 추적해 들어갑니다. 이런 식으로 프로이트가 '재구성 작업'이라고 불렀던 걸 해나가는 것이죠.

III. 청취 본연의 듣기

신경증의 원인이 되는 환자의 병리적 환상에 대한 재구성 작업에서 분석가가 길을 못 찾을 수도 있어요. 가설은 있지만 아직 확신이 서지 않는 것입니다. 모호함 가운데 망설이듯 길을 탐색하면서, 환자와의 관계에서 생겨나는 결정적인 순간(청취 본연의 온전한 듣기)을 아직 기다리고 있는 것이지요. 흑암에서 빛이 솟는 바로 그 순간을!

상담회기 중 터닝 포인드가 되는 이떤 순간에 분석가는 환자가 사용하는 특정한 단어, 얼굴 표정, 신체 움직임에 시선이 갈 수 있어요. 내담자가 카우치에서 움직이는 방식이랄지, 아동의 경우 예기치 않은 몸동작이나 그가 그린 특이한 그림이랄지... 이런 사소한 것 중의 하나가 갑자기 분석가의 이목을 사로잡는 것이지요. 순간 분석가는 무슨 낚시 바늘에라도 걸린 듯 갑자기 몰입 상태로 들어갑니다. 그는 자신의 내면으로 들어가, 정신적으로 고립이 되지요. 제가 침묵 그 자체라 부르는 것에 의도적으로 도달하는 것입니다. 이렇게 해서 분석가는 내면에 숨을 죽이고, 자기 안에서 더 이상 어떤 것도 들리지 않는 상태에 이릅니다. 일상의 볼 일이나 사적인 계획에서 울려오는 메아리들은 완전히 봉합된 채, 이 재구성 단계 이전에 세웠던 온갖 가설도 다 잊어버린 채로...

그럼 **몰입**이란 무엇일까요? 집중한다는 건 무슨 뜻일까요? 무엇보다 몰입은 억제하는 힘을 가진 내면의 힘입니다. 무익하고 주변을 맴도는 생각들을 의도적으로 억제하고 배척하여 제거하는 힘으로, 청취의 **세 번째 단계**인 몰입에 본질적인 제스처를 취하기 위해서 가능한 모든 에너지를 한 쪽으로 모으는 것이지요. 이 제스처는 무엇일까요? 이 질문에 답하기 전에 저는, 자기 안에 비옥한 침묵의 우물을 파는 정신분석가의 이 활동은 **의도적 폐제**

forclusion volontaire라고 제가 이름붙인 용의주도한 활동이라는 점을 강조하고 싶어요. 의도적 폐제란 정신분석가의 자아에 의해 일어나는 모든 감각에 대한 무효화와 억제를 의미합니다. 분석가 안에 최대한의 수용성이 들어서도록 하기 위해 그렇게 하는 것이지요.

벌써 청취의 세 번째 단계까지 왔는데, 여기에 대해서는 좀 더 시간을 할애해야 할 거 같습니다. 임상가가 진정한 청취를 시작하는 것이 바로 이때부터니까요. 내적인 침묵 가운데 자기 영혼으로 밀려들어오는 것을 지각하는 상태가 분석가의 내부에서 일어나기 때문입니다. 청취의 세 번째 단계에서 분석가가 수행하는 핵심적인 제스처는 바로 이것 : 자기 안에서 상대방의 무의식을 포착한다! 이 단계에서 분석가인 저는 나 자신을 떠나 내가 처해 있는 시간과 공간을 모조리 잊은 채, 나 자신 속으로 들어가 내 담자가 내 안에 갑자기 떠오르게 하는 그것을 만나게 됩니다. 그것은 정서가 배어 있는 어떤 장면 같은 것이에요.

이쯤에서 용어를 명확히 할 필요가 있겠군요. 지금부터 저는 청취 본연의 온전한 듣기를 여러 다양한 이름으로 부를 거예요. 때로는 '정신내적인 청취' 혹은 '포착'이라 할 것이고 어떨 때는 '심층 탐사'라고 부를 겁니다. 본연의 청취건 포착이건 탐사건 제가 여러분에게 당부하고 싶은 것은 온전한 청취의 목적은 환자를 치료해내는 데 있음을 기억하시라는 거예요. 그러니 제가 '청취' '포착' '탐사' 등의 단어를 사용할 때마다 여러분은 그 앞에 항상'치료적'이라는 형용사를 붙여 읽으시기 바랍니다. 청취는 치료적일 수밖에 없으니까요. '치유'라는 단어와 관련해서도 용어를 명확히 해야겠군요. 보통 '치유되다'는 질병에서 벗어남을 뜻합니다. 하지만 환자들의 대부분은 의료적인 의미에서 아픈 것이 아니에요. 그들은 자기 자신이나 타인과 갈등하고 있어서 괴로운 것입니다. 분석가가 환자를 도와

사라지게 만들어야 할 것은 바로 이런 내적인 갈등과 관계적인 갈등이죠. 치유된다는 것은, 자신을 있는 그대로 사랑하는 것이며 그리하여 자신이나 가까운 사람들에게 더 관대해진다는 것을 뜻해요.

앞에서 저는 동사 '듣다'와 '청취하다'를 구별해야 한다고 말한 적이 있어요. 타인의 말을 듣는다는 건 밖을 향해 바깥에 있는 타인에게로 간다는 뜻인데 반해 청취한다는 건 안쪽을 향해, 나 자신 안으로 내려가 타인의 무의식에서 올라오는 상변을 내 속에서 만난다는 뜻입니다. 본장 내내 언급되는 이 개념은 이렇게 정리해 볼 수 있어요.

청취를 한다는 건, 하는 것이 아니라 하는 것이다.

놀라우시겠지만 이렇게 말할 수 있어요. **우리가 타인과 만나는 건 오직 나 자신 안에서다.** 나는 상대방을 밖에서 관찰합니다. 그러나 그의 가장 내밀한 존재를 만나는 것은 내안에서지요. 환자로든 분석가로든 정신분석을 실제로 경험해 보지 않은 독자들은 제가 묘사해 드린 이런 청취 경험을 개념화하기가 무척 힘드실 거예요. 제가 조금 후 자세히 보고 드릴 '검은 수트를 입은 사나이' 사례는 상대방의 내면을 묘하게 알아차리게 하는 그런 몰입의 경험을 잘 보여주는 사례입니다.

그토록 몰입하여 환자를 경청할 때 분석가가 지각하는 건 무엇일까요? 그는 자기 안에서, 내담자의 무의식에서 흘러나오는 동영상을 보게 됩니다. 이게 무슨 말이냐고요? 분석가가 자기 영혼 속에 어떤 동영상이 펼쳐지는 걸 본다는 얘기입니다. 희미하게 떠오르는 이 심상은 시각적으로 고정된 이미지라기보다 앞을 향해 전진하는 이미지, 곧 움직이는 동영상처럼 떠오릅니다. 분석가는 자기가 내면으로 내려가는 순간에 떠오르는 그 장면에 완전히 매료돼 있음을 느끼면서도 지금 일어나고 있는 모든 것들에 대해 자신이 명료한 분석적 판단 또한 유지하고 있음을 의식하지요. 여러분이 보다 잘 이해하실 수 있도록 제가 분석 작업을 할 때 구체적으로 어떻게 하는지 다시 한 번 정리해 드리죠.

분석치료에서 청취는 감을 잡기가 힘든 미묘한 정신과정임이 분명해요. 다시 복습을 해봅시다. 첫 단계에서 저는 관찰을 합니다. 그 다음 이해하고, 성찰하고, 가설을 세우지만 확신이 서질 않아 주저하지요. 세 번째 단계에서 저는 제 이목을 사로잡는 내담자의 어떤 세부요소를 발견하고 놀랍니다. 이 세부사항이 모티브가 되고 타이밍이 맞아떨어지면서 저는 의도적인 정신적 폐제에 들어갑니다. 제 안에 빈 공간이 생길 만큼 몰입해 들어가는 것이죠. 이렇게 내면으로 깊숙이 내려간 다음 침묵 가운데서 저는 어떤 영상을 보게 됩니다.

화면에 나타난 액션은 디테일은 없고 굵직굵직하게만 나타나 보입니다. 저에게 이 장면은 환자의 무의식적 삶에서 추출되어 나온 어떤 것으로 보여요. 이러한 지각은 제 안에 일종의 해리상태를 불러일으킵니다. 여전히 저는 진료실에 환자랑 함께 있어요. 그가 제 맞은편 소파에 앉아 있다면 저는 그를 봅니다. 그가 카우치에 누워 있는 상황이라면 저는 그의 말을 듣고 있어요. 이렇게 현실과의 접촉, 즉 환자와의 끈을 유지한 채로 제 내부에서 솟아오르는 그 장면에 온전히 몰입해 있는 것이죠. 저는 명료한 의식을 놓치지도 않고, 작품을 위해서 일부러 만취상태가 되는 어떤 화가나 시인들처럼 몽롱해지지도 않습니다.

하지만 청취 중에 일어나는 분석가의 이러한 해리 상

태는 일종의 내려놓음과 예리함 그리고 의도적인 환각과 명철함이 혼재된 상태로, 자기 안이 내담자로 가득 차 있는 상태지만 명징한 의식 아래 또한 통제되어 있지요. 프로이트는 이 상태를 너무도 적확한 언어로 정의한 바 있어요. 프로이트의 아래 구절을 읽으시면 여러분도 얼마나 제가 그의 말에 영감과 힘을 얻었을지 이해하실 거예요. 여태껏 탐구되지 않은 분석가의 이런 경험(가장 강력한 치료 요인이 되는 정신내적인 청취)에 대해서 아주 넌지시 그러나 명쾌하게 설명해 냄에 있어서 프로이트의 아래 글귀가 얼마나 제게 격려가 되었을지 말이죠. 프로이트는 1923년에 다음과 같이 썼어요.

"분석가는 자신에게 온전히 몰입할 때, 자기의 무의식적인 정신 활동에 온전히 기댈 때, 사유와 의식적 관념들의 가공을 멈출 때, 그리하여 자기의 무의식으로 환자의 무의식을 포착해 낼 때가 가장 잘 하고 있는 것이다."

실제로 분석가는 자신에게 완전히 몰입해 들어갈 때, 자기의 무의식적인 정신 활동에 자신을 완전히 맡길 때 온전하게 들을 수 있습니다. 내 모든 힘이 나 자신의 내면을 향해서 집중될 때 비로소 타인을 경청할 수 있게 되지요.[3]

분석가는 이렇게 몰입되고 활짝 열린 정신 상태에서, 자기 안에 솟아오르는 환상적인 장면, 환자를 나타내는 인물이 주인공으로 등장하는 어떤 영상을 보게 됩니다. 대개 이런 환상 장면에는 갈등하는 두 사람이 등장해요. 이 장면은 환자 자신은 잊은 지 오래지만, 제가 보기엔 현재 환자가 겪고 있는 어려움의 근원입니다. 환자를 상담실로 나오게 만든 지금의 장해들은 이 무의식적인 장면에 나타나는 해로운 행동들에서 기원해요. 이 장면은 내담자가 과거 유년기나 청소년기에 경험한 외상에 대한 기억, 환

3) 나 자신을 들여다보는 그 깊이만큼 내가 남을 파악할 수 있다는 상식의 다른 표현 –역주

자를 아직도 열로 들뜨게 만드는 뼈저린 기억의 장면이지요. 그 트라우마가 실제로 일어난 사건이건 환자가 상상 속에서 경험한 것이건 상관없이 말이죠...

정리하자면, 분석가가 자기 안에서 환자의 무의식을 포착할 때 그는 환자가 주인공으로 나오는 환상적 장면이 자기 안에 떠오르는 것을 봅니다. 이 환상 속의 인물은 지금 분석가 앞에 앉아있는 내담자와는 전혀 사람이 다릅니다. 내담자가 성인이라면, 분석가가 몰입으로 자기 내면에서 환상 장면을 볼 때 거기 등장하는 허구적 인물은 대부분 방임되거나 성적으로 학대당하거나 멸시되고 구타당한 어린 아이의 모습을 하고 있죠. 아니면 길을 잃고 방황하며 자신 안에 갇힌 청소년의 모습을 하고 있든가...

내담자가 아동이라면, 분석가의 영혼에 비친 환상 속의 존재는 대부분 놀라 당황한 채로 울음을 참으며 엄마의 따스한 품을 애타게 찾는 신생아예요. 분석가의 내면 속에 학대당한 아동, 방황하는 청소년, 불행한 아기 등... 어떤 모습으로 떠오르건 이 허구적 존재는 하나의 환상입니다. 분석가의 내면 거울에 환자의 무의식적인 상태를 비춰주는 어떤 환상인 것이죠. 분석가의 영혼에 갑자기 떠오르는 이 허구적 인물은, 프로이트도 말했듯이, 분석가가 자기 내면으로 몰입해 환자의 무의식을 포착해 내려고 시도한 결과물이에요. 프로이트는 이렇게 썼어요. "분석가는 자기의 무의식으로 환자의 무의식을 포착한다." 저는 이 문장을 조금 바꿔서 이렇게 말하고 싶습니다. 분석가는 자기의 무의식을 동원하여 환자의 무의식적 환상을 포착해 낸다! 정리하면, 분석가는 내담자 내부의 무의식에 도달하기를 원하지만 결국에는 온전한 청취가 일어났을 때 분석가 자신의 내면에 환상 형태로 드러난 환자의 무의식에 도달하게 된다는 겁니다.

실제 그렇다 하더라도 여러분은 제 의견에 반대할 수도 있어요. 분석가가 자기 내면에서 본 그 환상을 정말 내담자의 무의식이 표출된 것으로 볼지 아니면 임상가의 백일몽 정도로 치부할지 의구심이 생길 테니까요. 이 환상이 환자에서 나온 것인지, 아니면 분석가 자신의 욕망이나 그의 사적인 사연 혹은 감정의 표출인지 어떻게 알 수 있을까요? 분석가가 내면에서 지각한 이 환상이 지어낸 것에 불과하지 않고 진정 환자의 무의식에 기인한 것임을 말해주는 어떤 지표라도 있나요? 저는 분석가가 포착한 그 환상이 그의 얼빠진 생각에서 나온 허황된 그림이 아니라 환자로부터 왔다는 걸 확신할 수 있다고 봐요. 무엇보다 자기 영혼 속에 밀려드는 환상적인 영상에 끌려 들어가면서 분석가 자신도 놀랐다면, 이는 환자에게서 온 것이 더욱 분명하죠. 그러므로 첫 번째 지표는 놀라움입니다.

분석가가 환자를 청취하는 도중, 그 환상을 지각하면

서 경미한 이인증을 경험한다면 더욱 그 환상이 자기의 것이 아니라 환자의 것임을 참으로 확신해도 돼요. 그토록 집중하여 듣는 청취에는 항상 이인증이 어느 정도는 내재돼 있지요. 따라서 두 번째 지표는 이인증[4)]이라 할 수 있습니다. 또 분석가가 이런 허구의 장면을 환자에게 전달했을 때 환자가 침묵한다면, 이 환상은 그의 것이 아니라 환자의 것이라고 할 수 있어요. 이때 환자의 침묵은 단순한 입 다물기와는 전혀 다릅니다! 이 침묵은 감정이 실린, 받아들임의 침묵이지요. 감동이 된 내담자들은 감탄조로 이렇게 반응하곤 합니다. "정말로 그래요. 그건 전혀 생각 못 해봤어요!" "바로 그거예요!" 따라서 세 번째 지표는 분석가가 한 말에 대한 환자의 밀도 높은 침묵입니다. 요컨대 놀라움, 이인증의 느낌, 환자가 분석가의 해석을 받

---

4) 이인증depersonalization/dépersonnalisation:'탈인격화'라고도 하며 마치 자기 자신이 아닌 것 같은 비현실감이 주된 느낌으로 자신의 행동, 생각, 정서가 생생하게 느껴지지 않고 자신이 처해 있는 상황에서 이탈돼 있는 것 같은 감각상태나 현상을 뜻함 –역주

아들임 등은 분석가가 자기 자아가 자닌 자신의 도구적 무의식을 사용해 치료에 임하고 있다는 점과 분석가 안에서 올라오는 그 환상이 자기 것이 아닌 내담자의 환상이라는 점을 확인시켜 주는 최소한의 징표라 하겠습니다.

IV. 내담자 안에 있는 아동이 과거에 겪은 감정과 동일시하기

벌써 청취 과정의 네 번째 단계까지 왔군요. 네 번째는 동일시 단계라는 거 기억하시죠? 이 단계에서는 무슨 일이 일어날까요? 예를 들어, 분석가는 아동과 함께 있어요. 아이는 분석가 앞에서 그림을 그리며 치료자에게 말을 걸지요. 분석가는 아이의 말을 들으면서 아이가 그리는 그림을 쳐다보다가 그림의 어떤 디테일에 시선이 머물며 놀라곤 합니다. 이때 분석가는 아이와 대화를 나눌 수도 있는데,

그러다가 침묵 가운데 아무 일 없다는 듯이 의식에서 무의식으로 정신의 도약이 일어날 수도 있어요. 이때 분석가는 앞서 우리가 말한 바 있는 환상 장면이 자기 내면에 떠오르는 것을 봅니다. 그는 환상 장면의 한가운데로 들어가 장면 속 주인공이 느꼈을 법한 감정을 느낍니다. 침묵 속에서 지각된 그 영상에 등장하는 상상속 주인공이 경험하는 감정에 분석가가 동일시를 하는 것이죠. 동일시를 한다는 것은 이런 거예요: 분석가는 자기 앞에 있는 내담 아동이 현재 느끼는 것도 물론 느끼지만, 자기 영혼 속에 갑자기 펼쳐지는 환상 장면에 등장하는 다른 아동이 느끼는 감정 또한 절절히 느낀다! 제가 강조하고 싶은 것은, 지금 저는 내담자가 살아내고 느끼고 경험하는 것에 동일시하는 것이 아니라 **제 마음속에 떠오르는 환상적 존재가 느끼고 살고 경험한 것에 동일시를 하고 있다는** 점이에요. 따라서 청취의 네 번째 단계인 동일시 단계에서는 임상가가 서로 이질적인 역할을 동시에 하게 됩니다. 진행중인 상담 회기에 능동적으로 참여하는(관찰하고, 이해하고, 개입하는) 동시에 내면의 활동에도 적극 참여한다는 것이죠. 그러니까 해리 상태에서 임상가는 두 가지 기능을 병행하는 것입니다. 그는 상담실에서 자기와 마주앉은 환자에서 표출되는 것들에도 주의하지만, 동시에 떠오르는 화면 속에 등장하는 상처 입은 아이에게도 내부 안테나를 바짝 세우고 있다는 것이죠.

여러분도 짐작하시겠지만 이런 감정적인 동일시는 언어로 공식화 하기도 힘들고, 이해하기도 힘들고, 받아들이기도 어렵습니다. 이에 대해서는 '검은 수트를 입은 사나이' 사례에서 좀 더 구체적으로 설명해 드리죠. 환자의 고요하고 비밀스런 내면을 밀도 있게 내재화해 가면서 분석가의 마음에서 일어나는 아주 미묘한 효과들을 분별하게 되기까지는 저도 많은 시간이 걸렸어요. 쉽지 않았지요. 하지만 정신내적인 치유적 청취를 이렇게 말로 설명할 수 있게 된 지금에 와서는, 고통으로 신음하는 내담자를 도와주는 이러한 방식을 이미 많은 치료자들이 공유하고 있다고 생각해요.

V. 해석 : "내 안에서 본 당신의 상처는 이거예요!"

동일시를 통해 알게 된 그 감정을 이제 분석가는 어떻게 환자에게 전달할까요? 이제 우리는 분석가가 해석을 하는 청취의 **마지막 단계**까지 왔습니다. 여기서 분석가는 자신이 지각한 환상을 환자에게 말로 전달해요. 이 단계에서 분석가는 지각된 환상과, 자신 안에 무엇이 있기래 이렇게 괴로운지 간절히 알고자 하는 환자 사이에서 중재를 한다고 하겠습니다. 달리 말해서 저는 내담자 안에서 일어나는 것을 제 안에서 듣고 이걸 내담자에게 자세히 말해주는 겁니다. **이런 식으로 저는 제 눈앞에 나타난 악보 부분을 연주하**

는 것이죠. 마음을 열고 저의 연주를 듣는 관객이 그 자신에게도 제게도 이렇게 말하기를 소망하면서요. "그게 바로 제 내면 깊은 곳에서 울리는 멜로디랍니다!" 분석가가 환자의 무의식에서 일어나는 일을 환자에게 알려주기 위해서는 환자의 의식에 호소해요. 이런 식으로 분석가는 환자의 무의식을 의식에 연결하는 메신저 역할을 하는 것이죠.

또 하나 분명히 짚고 갈 것이 있군요. 환자에게 해석을 전달하는 순간, 어쨌건 분석가에게는 침묵하거나 말하거나 두 가지 선택지가 있습니다. 아무 말 않기로 작정하거나, 회기 중에 아주 분명한 목소리로 해석을 줄 수도 있지요. 이때 분석가는 이론적이거나 기법적이지 않은 평이한 단어를 사용해 제안적인 태도로 조심스럽게 해석을 건네야 합니다. 자원 측면에서나 효과 면에서, 내뱉어진 어떤 말을 정신분석적 해석이라고 부를 수 있으려면, 그 언어들은 정신내적인 청취 경험에서 뿜어져 나온 것이어야 합니다. 또 그 말들은 환자에게 감동을 주고 그가 스스로를 바라보고 성찰하는 태도에 변화를 가져오는 것이어야 하지요.

할 말이 많은데도 분석가는 침묵을 선택할 수 있다고 앞에서 제가 말했는데, 이때의 침묵은 해석을 건넬 적당한 기회를 찾아 심사숙고하는 그러한 침묵입니다. 할 말이 많은데도 침묵을 지키는 것과 할 말이 없어 입을 다무는 것 사이에는 말할 수 없는 큰 차이가 있죠. 말하고 싶어서 안달이 난 상태에서 침묵을 지키는 건 분석가에게도 힘든 일이니까요. 저는 할 말의 40프로만 환자에게 전달해요. 제가 입을 다물 때는 치료 단계상 그 말을 하기는 아직 시기상조거나 기회를 놓쳤을 때예요. 아니면 환자가 아직 그 말을 들을 준비가 안 돼 있거나 시간을 가지고 제 생각을 숙성시킬 필요가 있다거나, 정말로 할 말이 없어서지요. 문득 비트겐슈타인의 금언이 떠오르네요. "그에 대해 말할 수 없거든 입을 다물라." 이런 의미에서 저는 임상 슈퍼비

전 때문에 저를 찾아오는 분석가들에게 딱히 할 말이 없을 때는 입을 다물라고 자주 조언해요. "의심스러우면 말하지 말고 침묵하세요. 그러면 실수를 많이 줄일 수 있습니다!" 또 긴히 말씀 드릴 것은, 분석가가 말할 때는 그 말이 환자에게 감흥을 주기 바라면서 **확신을 갖고서 말해야 한다는 겁니다. 분명한 것은 자기 말에 책임을 지고, 그러니까 치료사가 진정성을 가지고 하는 말은 환자가 치료자를 신뢰하는 데서나 환자 편에서도 치료자에게 진실로 책임 있게 말을 하는 데서 결정적이라는 것이죠.**

청취의 마지막 단계를 마무리하면서 관찰, 이해, 본연의 듣기, 정신내적인 동일시 등이 치료적 가치를 지니려면 성공적인 해석으로 수렴돼야 한다는 점을 강조하고 싶군요. 환자도 이미 어렴풋하게 알고 있는 것을 명확히 해주는 분석가의 말이나 제스처로 이전 단계들이 수렴될 때에만 해석 이전의 것들이 치유적 가치를 지닌다는 겁니다. 여기서 주의할 것! 해석이 아무리 적절하고 통찰을 주는 것이라 해도 환자의 민감 지대인 전의식을 건드리지 못하면 아무런 소용이 없다는 거예요. 무의식을 해석하려면 무의식이 무르익어서 전의식 수준까지 올라와 있어야 해요. "딱 그겁니다!" 저의 해석이 자기 내면의 진실을 건드렸거나, 적확한 해석으로 전의식이 의식화되었을 때 많은 환자들은 이렇게 감탄조로 반응합니다. 거듭 강조하지만, 해석은 환자가 이미 전의식에서 어렴풋이 깨닫고 있는 것을 분석가가 명쾌한 말로 설명해 주는 것입니다. 저는 무의식이 아직 무르익지 않은 상태, 날것의 상태에 있을 때는 절대로 해석하지 않아요. 날것 상태에 있는 환자의 무의식을 저도 제 안에서 간파는 하지요. 하지만 해석을 줄 때는 내담자가 들을 준비가 되어 있는 것들만 전달해요.

청취 과정의 본질을 한 구절로 요약하라 한다면, 저는 아래처럼 말할 것이 분명한 분석가의 무의식으로 대신 답할 것입니다.

"제 내면에 고요가 자리 잡고 나면 저는 환상 장면의 형태로 제 영혼에 밀려들어오는 내담자의 무의식을 포착합니다. 그런 다음 그 주인공 속으로 미끄러져 들어가 액션에 동참해요. 그 환상 장면을 다시 불러내 제가 그것을 연기하는 것이죠. 그런 다음 마침내 그걸 말로 옮겨서 내담자에게 전달해 주죠."

*

검은 수트를 입은 사나이

환자의 내면 포착과 정신내적인 동일시
그리고 이야기적인 해석의 좋은 모델

해석에 대한 장을 마무리하면서 청취의 마지막 세 단계 – 포착, 동일시, 해석 – 를 잘 보여주는 임상 사례를 하나 소개합니다. 이 사례에서 여러분은 정신분석가가 자기 안으로 잠수해 들어가 내담자의 무의식적 환상을 포착하고, 이 환상 장면의 주인공과 동일시한 후 다시 수면 위로 올라와, 내담자에 대한 정신내적인 탐사를 통해 발견한 것을 환자에게 전달하는 모습을 보실 거예요. 청취의 세 단계를 구분해서 여러분에게 설명하려고, 본질상 해체될 수 없는 한 덩어리인 사건을 제가 인공적으로 분해하고 있다는 점을 염두에 두면서 사례를 따라와 주시기 바랍니다.

그 26세 청년 내담자는 올블랙으로 정장을 차려입는 특징이 있었어요. 상담실에 처음 온 날부터 주욱 그는 검은 양복 차림으로 치료에 나왔지요. 항상 같은 검은 셔츠에 검은 넥타이... 또 늘 검은 우산을 들고 왔는데 함께 소지한 장갑과 서류가방 역시 검은색이었어요. 이제는 더 이상 제 내담자가 아니지만, 당시 그는 특유의 음침한 분위기로 진료실을 오가던 사람들을 불편하게 했지요. 단정하게 손질된 머리와 도도하고 우아한 그 자태에서는 깊은 고통이 배인 어떤 존엄함마저 풍겨 나왔지요. 그는 삶에서 어떤 것도 성취되지 않고 모든 것이 멈춘 것만 같다며 저를 찾아왔어요. 첫 회기에서 저는 그가 6세 때 비참한 교통사고로 어머니를 잃었다는 걸 알았어요. 그 비극에다 엄마는 1년간 여행을 떠난 거라고 얼버무린 아버지의 거짓말이 더해졌죠. 그래서 소년은 1년 동안 엄마가 자기를 버렸다고 생각했어요. 이 일이 있고 난 후 그는 차갑고 무관심한 아버지와는 물론 어떤 가족 구성원과도 다정한 관계를 맺을 수 없었어요. 엄마에 대한 성상적인 애도(누구도 내체할 수 없는 생모를 완전한 떠나 보내고 차차 엄마 아닌 다른 사람들도 사랑하게 되는)과정을 가능하게 해줄 어떤 애착관계도 못 맺은 것이죠. 상담 초기부터 저는 그가 애도되지 않은 어떤 대상 때문에 병이 들었다는 느낌을 받았어요. 음산하게 굳어진 화산암처럼 그의 정신 속에 애도되지 않은 어떤 슬픔이 배어있다는 것을...

2년 뒤에 카우치에 누운 어떤 회기에서 그는 이런 말을 했어요. "엄마가 떠난 뒤로..." 왠지 모르게 이 말이 저를 몰입으로 들어가게 한다는 걸 느꼈어요. 그래서 저는 제게 밀려들어오는 것에 나 자신을 맡겼지요. "엄마가 떠난 뒤로..."라는 표현에 제가 맹목적으로 몰두하자, 제 안에 일련의 장면들이 떠올랐어요. 떠오르는 순서대로 저는 그 장면들을 환자에게 자세히 묘사해 주었지요.

그때 환자에게 건네는 저의 말은 일종의 해석으로 이야기 형식을 띠고 있었어요. 여러분이 아래에서 읽게 될 글은 당시 제가 환자에게 해준 말과 정확히 일치해요. 상담을 마치고 내담자가 떠난 후, 저는 바로 전에 경험한 것이 너무나 인상적이어서 곧바로 책상에 앉아 종이를 꺼내 들고 회기 동안 제가 그에게 한 말을 적기 시작했어요. 제가 환자에게 한 말은 이런 거였습니다.

"방금 '엄마가 떠난 뒤...'라고 하셨는데, 당신 말을 들으니 다급하게 문을 열고 집에서 도망치는 어떤 엄마의 이미지가 떠오르네요. 여섯 살 난 어린 아들은 엄마랑 같이가고 싶어요. 영원히 엄마가 떠난다는 걸 알고나 있다는 듯이 아이가 엄마에게 소리치죠. '엄마, 기다려 줘! 나도 같이 갈래!' 엄마는 돌아보지도 않고 아들에게 말해요. '안 돼. 넌 여기 있어! 넌 올 수 없는 곳이야!' 아들의 간절한 부탁에도 엄마는 냉정히 떠나버리고, 아이는 그런 엄마를 뒤쫓아 갑니다. 엄마가 뛰어가니까 아이도 뛰어요. 엄마가 달려가고 아이도 엄마를 뒤따라 뛰어갑니나. 지치지도 않고 아이는 계속 엄마를 따라잡으려고 달리지요. 이렇게 엄마와 아들이 달립니다. 한 명은 앞에서 다른 한 명은 뒤에서, 결코 둘이 만나지는 못한 채... 몇 해 전부터 수년간 둘은 이렇게 달리고 있지요. 아이는 엄마를 절대 포기않고 기어이 따라갑니다. 엄마 모습이 멀어지고 안개 속에 희미해지면서 지평선 너머로 완전히 사라지는 걸 보게 된 그 날까지... 지치고 숨 가쁜 아이는 그제서야 달리기를 멈춥니다. 비로소 엄마를 포기해요. 지쳐 나자빠진 아들은 길가에 앉아 숨을 고릅니다. 그러다 갑자기 자기 손과 발을 보고 이제는 더 이상 애가 아니라는 걸, 자신이 부쩍 자라 어른이 되었다는 걸 발견하고는 놀라죠. 내면 역시 성숙했다는 걸 깨달아요. 이제는 더 이상 아이처럼 두려움에 떨지도, 허황된 꿈을 쫓지도 않기에..."

이렇게 말한 다음 저는 잠시 침묵을 지켰습니다. 그러고 나서 환자에게 좀 더 직접적으로 말했어요. "아시겠지요. 길가에 멈춰 선 당신은 이제 어른이 된 자기를 발견해요. 우리가 함께 작업하는 것들이 바로 이런 비유들이죠. 이런 게 정신분석이지요."

위의 말이나 이미지들은 모두 제가 환자에게 전달한 그대로예요. 제 속에 떠오르는 영상을 따라가면서 마치 생중계를 하듯이 그렇게 전했지요. 제가 말하는 동안 내담자는 무거운 침묵을 지켰어요. 제가 하는 말에 완전히 사로잡힌 채... 제가 말을 마치자 그는 울음소리를 삼키며 눈물을 터뜨렸어요. 그렇게 말하는 동안 저는 어떤 정신적 이미지가 제 안으로 계속 밀려들어오는 사태와, 아울러 갑자기 엄마를 빼앗겼던 이 성인아이와의 동일시에서 오는 생생함에 이중으로 사로잡혀 있었어요. 저는 그 아이가 되어 있었고, 제가 그 아이라는 느낌이 들었어요. 이미지 속 그 아이가 느끼는 헤어짐의 고통이 제게도 고스란히 경험되었죠. 동시에 저는 제 안에서 올라오는, 나로서는 감당이 안 될 만큼 빠르게 밀려드는 말들에도 사로잡혀 있었지요.

저는 제 안에 밀려드는 말들과 이미지에 압도되었지만 그러면서도 제가 하는 말을 분명히 통제할 수 있었고, 제가 겪는 해리상태에 대해서도 뚜렷이 의식하고 있었어요. 그 실례로, 제가 사용을 자제했던 말들이 있었어요. 어떤 순간 하마터면 저는 내담자에게 당신 엄마는 천국에 가신 거라고 말할 뻔 했어요. 하지만 곧 정신을 차리고 그 표현을 자제했지요. 그런 전형적인 말은 제가 하는 해석의 진정성을 해치고 환자에게도 실망스러울 수 있으니까요. 여러분에게 이런 것까지 알리는 건, 제 안에 예기치 않게 올라오는 말들이 있어도 제가 얼마나 조심스럽게 말을 골라 사용하는지 보여드리기 위해서예요. 저는 진심으로 말하고 있었고, 내담자 또한 제가 진심으로 말하고 있다는 것을 알기를 바랐죠.

이 결정적인 회기는 치료의 종결로 가는 문을 열어주었어요. 내담자와의 분석은 1년 뒤에 완전히 종결되었지요. 지금은 더 이상 그를 환자로 만나지 않아요. 그래도 틈틈히 소식을 전해오기 때문에, 그가 행복한 가정을 꾸렸고 직장에서도 승승장구하고 있다는 건 알지요. '검은 수트를 입은 사나이' 사례는 제게도 아름다운 추억으로 남아 있어요. 정신분석가가 환자를 경청하고 환자를 치료로 이끄는 방식에 대한 아주 좋은 경험으로요.

이 내담자와의 치료경험은, 분석가가 자기 안으로 침잠해 들어가 자기 안에서 내담자의 무의식을 만나는 것이 제가 아는 한 **기장 강력한 치료인자**라는 것을 다시 한 번 일깨워 주었습니다.

이제 마무리를 해야겠군요. 저는 분석가가 자기의 무의식으로, 자기의 사적인 무의식과는 다른 아주 특별한 무의식을 가지고 치료에 임한다는 것을 보여주고 싶었어요. 이러한 무의식은 분석가의 도구적 무의식으로, 환자들의 무의식적 감정을 포착하고 공감하고 또 그걸 언어로 해석하여 전달하는 과정에서 정화되고 단련된 무의식이죠.

그러나 포착하고 동일시하고 해석하는 이러한 장치도 분석가가 자기 속에 침묵의 여백을 만들어 낼 수 있을 때라야 제대로 작동할 수 있어요. 그러므로 환자를 경청할 때 분석가들은 자기 내부로 침잠해 들어가 자기 안에 공백을 만들어 내야 해요. 분석가가 아래로 내려가는 수위가 깊으면 깊을수록 그를 수면 위로 밀어 올리는 추동력 또한 그만큼 강력하고, 환자의 고통을 덜어주는 말도 더 잘 찾아낼 수가 있지요. 분석가의 청취는 자기 안으로 침잠해 들어가는 빛나는 잠수예요. 내담자에게 변화를 가져오기 위해서 자신을 던지는 찬란한 도전이 바로 정신분석이지요.

* *
*

2부

해석을 한다는 건 환자에게 무의식적인 부분을 되찾아주는 것

이야기의 형태로 환자에게 긴 해석을 주는 분석가의 예를 설명해 드렸습니다. 이제 두 장에 걸쳐서, 해석의 개념을 좀 더 깊이 탐구해 보도록 하지요. 우선 해석의 치료적 가치를 말씀 드린 후에 효과적인 사례 4가지를 소개해 드릴까 합니다.

*

분석가는 환자에게 어떻게 말해요? 환자에게 무슨 말을 하나요? 도대체 그는 무얼 하는 건가요? 여러분은 분석치료 과정에서 분석가가 다양한 방식으로 말한다고 상상하실 겁니다. 때로는 침묵으로, 때로는 환자와 대화하며 질문도 하고, 설명을 해주기도 하고, 어려운 선택 앞에 놓인 환자를 지지하기 위해 환자를 앞지르지 않으면서 대신 결정을 해주기도 하고... 그런데 분석가는 결정적인 행동도 합니다. 그게 바로 해석인데요. 해석을 한다는 건, 환자가 자신에 대해 의식하지 못하는 부분을 알려주는 거예요. 분석가의 결정적인 이 행동, 정신분석에 특이적인 이 해석에 관해서는 좀 더 긴 얘기가 필요할 것 같군요.

해석은 무의식을 의식화 시킨다

단도직입적으로 말해서, 해석은 환자를 치료로 인도하는 효과가 있는 분석가가 동원할 수 있는 가장 강력한 수단입니다. 해석은 환자 자신이 의식하지 못하는 부분을 드러내 주고, 그의 감정을 건드려서, 자기 성찰로 들어가게 하며, 자신에 대해 가져왔던 잘못된 이미지를 발견하게 해주고, 이런 왜곡된 이미지를 수정하게 함으로써, 자신은 물론 타인과 맺어온 불건강한 관계들을 바꿔나가게 하지요.

도대체 해석이란 뭔가요? 무엇보다 해석은 분석가의 말이나 제스처로, 환자에게 지금까지 그가 몰랐던 것(환자의 고통의 원인이라고 분석가가 추정하는 것)을 의식하도록 해줍니다. 여기 해석에 내한 신싱하고도 담백한 표현이 있어요. 항상 제가 힘을 얻는 금언과도 같은 문장이죠. **"해석은 무의식을 의식화하는 것이다."**

해석은 환자가 그간 몰랐던 것을 의식하도록 도와주기도 하지만, 그를 이러한 무지에 갇혀 있게 만들었던 두려움에 대해서도 의식하게 해줍니다. 따라서 해석 행위는 즉각적인 다음 두 가지를 목표로 삼아요. 하나는 인지적인 목표로, 모르던 것을 **알게 한다.** 다른 하나는 정서적인 목표로, **알게 되는 것에 대한 두려움**을 의식하게 한다. 흔히 후자의 목표를 위해서 분석가들은 '저항 분석'[5]이라는 표현을 씁니다. 이 표현은 그 엄청난 의미에도 불구하고 너무 빈번히 사용된 나머지 본연의 깊은 뜻을 상실한 것처럼 보여요. 그렇다면 저항은 또 뭔가 하는 질문이 생기실 겁니다. 저항은 두려움이에요. 알게 되는 것에 대한 두려움, 앎으로써 고통스러워질 것에 대한 두려움, 변하는 것에 대한 두려움, 자신이 알게 된 걸 감당하지 못하면 어쩌나 하는 두려움. 한 마디로 병이 치유되는 것에 대한 두려움, 지금의 나 아닌 다른 내가 되는 것에 대한 두려움이죠. 이것이 바로 저항입니다. 깨닫고 변화되는 것에 대한 상상 속의 두려움에 떨면서 놀라 도망치고 싶어하는 유아적인 자아를 뜻하지요. 그러므로 저항은 한편으로는 무지, 또 한

5) 저항resistance/résistance은 '전이'와 함께 정통 정신분석의 핵심 개념으로, 내담자가 자기 원가정에서 경험했거나 중요한 일차대상들과 가졌던 관계 패턴을 치료자에게 무의식적으로 투사하여 재경험 함으로써 분석가와 더불어서도 과거 관계경험을 반복 재연하려고 하는 강한 고착 상태를 가리킨다. 이때 분석가는 내담자가 치료자와 어떤 과거의 부정적 혹은 긍정적 관계 패턴을 반복하고자 하는지 파악하여 치료관계를 통해 어떻게 환자의 병리적 관계패턴을 변형시켜 나갈지 구상하게 된다. —역주

편으로는 깨닫고 성장하는 데서 오는 고통에 대한 두려움이라고 할 수 있어요. 변화되고 치유되는 것에 대한 이런 두려움 때문에 일부 환자들은 그토록 자신의 고통을 붙잡고 놓지 않으려고 하는지 모릅니다. 이들은 분석을 받으러는 오지만 전혀 낫고자 하지를 않지요.

이제, 다시 해석으로 돌아와 봅시다. 분석가도 자신이 말하고 행동하는 것에 진중하게 참여하고 있다면, 그가 해석을 할 때 환자는 대개 감동 속에서 깨달음을 얻습니다. 그리고 이런 깨달음에서는 탄성이 저절로 터져 나오죠. "진짜 그래요. 딱 그겁니다!" 반대로 내담자가 반응 없이 무관심해 있거나 "제겐 가당치 않아요!" 하면서 치료자가 주는 해석에 반발한다면, 분명히 임상가의 말에 진심이 담겨 있지 않거나 너무 조급하게 해석했거나 혹은 너무 늦게 말해서 환자가 수용할 수 없는 것입니다. 결국 중요한 건, 분석가가 환자에게 드러내 준 것을 환자가 이해하는 것이 아니라, 분석가가 이해한 것에 의해 환자의 감정이 터치되어야 한다는 거예요.

의식한다는 것은 유익하다

의식을 한다는 것이 왜 그렇게 중요해요? 깨달음이 왜 건강에 좋은 거죠? 알고 싶지 않은 걸 의식하게 되는 일이 왜 증상을 완화시키고 없애나요? 대답을 하자면, 억압된 것에 대한 깨달음은 그 억압된 것에 이름을 붙여주고 의미를 부여하기 때문이에요. 중요한 건 내가 억압함으로써 의식으로 떠오르는 걸 막고 있는 그 억압된 내용이 아니에요. 중요한 건, 치료자가 주는 해석 덕분에 내가 감동 가운데서 깨달음을 얻고 내 안에서 끓고 있던 그 억압된 것에 대해서 성찰을 하게 되는 것입니다. '성찰된 의식'이라고 제가 표현한 건, 단순한 의식화보다 한 발 더 내디딘다는 뜻으로,

의식화된 것에 어떤 의미까지 부여한다는 뜻에서지요.

그런데 의미를 부여한다는 것은 뭐가요? 억압된 것이 의미를 갖게 되는 건 언제죠? 만약 억압된 것이 외상(트라우마) 사건 당시에 아이가 경험(방치, 성적인 학대, 폭력) 했던 격렬한 감정이라면, 이 해묵은 감정, 아이도 모르게 아이를 사로잡고 있으면서, 조용히 폐부를 파고드는 그 억눌린 고통의 감정은 아동의 무의식에 갇혀 있다가 나중에 성인기에 이르러 여러 다양한 증상과 갈등 행동으로 표출됩니다. 오래된 이 외상의 고통은 끈 떨어진 연처럼 어디에도 메이지 않고, 그것을 의식화하거나 이름을 붙여줄 어떤 닻도 없이 아동의 무의식 속에서 유령처럼 떠돌게 되지요. 그건 당시에 아동이 외상 사건에 갖다 붙일 수 있는 이름이 전혀 없었기 때문이에요. 이름을 붙일 수 없었기에 그 외상 감정이 해로운 감정이 된 것이지요. 뒤집어 말하면, 이 해로운 감정은 다른 감정, 다른 생각, 환자의 삶에서 일어났던 다른 사건들에 연결됨으로써, 즉 분석가가 그 외상 감정에 붙일 이름을 찾아내고 그 감정이 환자의 세계에서 어떤 역할을 하고 있는지 알아낼 때 비로소 더 이상 해롭지 않게 된다는 뜻입니다. 그 감정이 어떤 상황에서 일어났고, 얼마나 이 병적이고 억압된 감정을 중심으로 환자 삶이 흘러왔는지 분석가가 말해 줄 때 비로소 그 외상 감정이 의미를 찾게 된다는 것이지요.

이렇게 고립되어 홀로 떠돌던 외상 감정이 정신의 다른 조각들과 연결되는 모습은, 라캉이 시니피앙을 정의하기 위해 사용했던 문장을 떠올리게 합니다. "하나의 시니피앙은 다른 시니피앙들을 향해서 주체를 표상한다." 저는 이렇게 말하고 싶군요. 외상 감정은 환자의 정서적 상징적 세계에 속해 있는 다른 감정과 사고와 사건들을 향해서 이 신경증 환자를 표상한다고! 문제의 그 외상 감정 S1이 다른 시니피앙들의 집단인 S2와 연결되면서, 환자의 삶을 통합적으로 표현해 낼 때 이 외상 감정은 이름을 갖게 되고 의미를 띠게 된다고! 환자인 내가 분석가의 해석 덕분에 내 유아기 외상의 고통을, 예를 들면 엄마의 우울증이나 내가 사춘기에 왕따 당했던 일 또는 형이 들려준 어떤 추억담과 연결할 수 있을 때, 그러니까 내가 이름도 없던 그 트라우마를 내 삶의 다른 시니피앙들과 연결할 수 있을 때 그 트라우마는 내 삶에 통합이 되고, 그로 인해 내 유아기 트라우마의 고통 또한 그 의미가 상대화된다는 것입니다. 이렇게 되면 그 외상 감정에 실려 있던 온갖 병적인 것들도 함께 사라지게 되지요.

저는 여기서 분리와 분열에 맞서는 정신분석가의 영혼을 적용해 봤을 뿐인데, 원리는 이렇습니다 : 하나인 전체에서 떨어져 나와 고립된 채로 공동체에서 추방된 모든 것은 반드시 공동체를 좀 먹는 불건강한 에너지덩이가 된다. 하지만 배제된 그 존재를 내가 다시 통합시켜 낸다면, 그 배제된 것은 독성을 잃게 된다! 그러니까 외상 감정은 무의식 속에 고립돼 있을 때는 독성을 지니지만, 그것에게 의식의 문을 열어주면 독성을 잃게 된다는 뜻이지요. 억압된 것을 의식하는 것, 다시 말해 억압된 것에 이름을 붙이고 다른 의식적 표상들의 총합 속으로 그것을 통합해 내는 일은 환자에게 어떤 의미의 획득이자 유익한 작업입니다. 이는 날것 상태로 억압되어 있는 것을 통합하도록 환자를 도와주는 정신분석가가 마치 생명본능(모든 것을 연결하려는 경향)에서는 기백을 얻고 죽음본능(모든 것을 분리하려는 경향)에 대해서는 맞서 싸우는 것과도 같지요.

병적으로 억압돼 있는 것에 대한 건강한 의식화와 관련해, 해로운 감정인 열정도 우리가 그것에 의미를 부여하면 더 이상 해롭지 않게 된다고 역설했던 스피노자의 말을 되새겨 봅니다. 그는 자신의 책 『윤리학』에 이렇게 썼어요. "병적으로 들뜬 열정의 감정도 그것으로 명백히 구분된 관념을 형성하면 그 병리성이 멈춘다.”

무의식을 의식화하려는 정신분석적 해석에 대한 얘기로 다시 돌아와서, 이 과정은 다음과 같이 정리해 볼 수 있어요.

환자에게 말을 걸며 분석가는 자신의 해석을 조심스럽게 제안합니다. 그는 억압된 것에 이름을 찾아주고, 억압의 원인이 된 외상 사건을 찾아내 환자의 삶이 그간 얼마나 이 트라우마를 중심으로 돌아갔었는지 보여줍니다. “당신은 아이였을 때, 우울한 동안은 당신을 원치 않던 엄마에 의해 버려지고 거절당했다는 느낌 이상의 것을 받았어요. 그래서 당신의 인격 전체는 고통스런 거절을 기초로 형성되었고, 그 거절감이 당신을 계속해서 고통스럽게 하죠.” ⇨환자는 삶에서 생긴 그 트라우마의 해로운 영향에 대해 인식하고 그것을 상대화시킬 수 있게 됩니다. ⇨억압된 것은 이제 그 독성을 잃죠. ⇨따라서 환자는 그를 위협하던 외상 감정을 더 이상 모른 척 할 필요가 없어요. ⇨증상의 강도가 눈에 띄게 완화됩니다. 이제는 과거의 외상 감정이 하나의 증상으로 농축되어 나타나지 않고, 생각이나 언어들 속에 희석되기 때문이지요.

환자에게 드러내 주어야 한다는 그 무의식은 도대체 뭐죠?

그런데 어떤 억압인 건가요? 방금 외상 감정을 얘기하면서 억압된 것의 예를 보여 드렸습니다. 우울증 환자인 엄마에게 방치되고 거절당했다는 것 이상의 감정으로 힘들어하던 아동이 경험했던, 그 말없는 고통 같은 것이 그 실례지요. 앞으로 하나씩 살펴보겠지만 다른 형태의 억압도 있어요. 어떤 모습을 하고 있건, 억압은 항상 무의식적이고 병리적이에요. 왜 무의식적이고 병리적일까요? 억압된 것은 망각 그 이상의 것임을 기억해 봅시다. 억압은, 과거의 경험이 고통스러운 한, 그것을 잊으려는 무의식적이고도 악착같은 의지예요. 고통스러운 과거를 땅에 묻으려는 이 악착같음이 그것을 병리의 근원이 되게 만들죠. 프로이트가 신경증을 무엇보다 방어의 병리로 보았다는 점을 기억하세요. 병의 원인은 과거의 고통을 잊으려는, 고통이 다시 기억으로 떠오르는 걸 막으려고 하는 그 악착같은 의지라는 것이죠. 과거가 다시 떠오르는 그 길이 막혀있기 때문에 병리적이 된다는 것입니다. 빅토르 위고도 이 같은 생각을 50년 전에 작품에다 쓴 적이 있어요. "모든 출구가 막혀있을 때는 인간의 열정이라는 바다가 미친 듯 휘몰아치며 끓어오르지 않던가!"

이제 구체적으로 무의식은 뭐고, 특히 환자 상태가 좋아지기 위해 환자가 의식을 해야 한다는 그 병리적 무의식은 어떤 것인지 알아봅시다. 무엇보다 무의식은 지금의 내 모습을 만들어온, 삶의 중요한 사건들로 이루어진 과거 전체라고 할 수 있어요. 그래서 과거는 항상 살아서 현재에 재생이 된다고 말하는 것이지요. 달콤했던 나의 어린 시절 이래로 내가 느끼고 생각하고 원했던 것 전부가 지금 이 책을 쓰고 있는 제 손에 농축돼 있는 것처럼 말입니다. 지금의 내 의견과 내 감정과 내 선택을 결정하는 어제의 중대한 사건들이란 무얼까요? 저는 무엇보다 내가 사랑했던 사람들, 사랑했던 것들, 사랑했던 이상들에 매달리던 내 삶의 중요한 순간들이 떠오르고, 또 한편으로는 사랑했던 대상들로부터 내가 떨어져 나갔던 다른 중요한 순간들도 생각이 납니다. 요컨대 항상 살아 움직이고 있는 내 과거는 사랑이 영감이 되어 일어난 사건들과 증오로 부추겨진 사건들로 이루어져 있지요. 하지만 우리가 신경증 환자일 때는 과거가 단순히 잊히고 흘러가는, 다시 기억으로 불러내기 쉬운 그런 과거가 아닙니다. 이 과거는 외상적이고 무서운 과거, 그에 대해 전혀 알고 싶지 않은 그러한 과거지요. 이러한 과거는 현재 내가 유지하고 있는 균형을 내면으로부터 위협을 하기 때문이죠. 그러니까 일반적으로 병적인 무의식, 특히 분석가가 해석을 통해 드러내 주어야 하는 무의식은, 우리 분석가들이 억압돼 있는 내용이라고 보는 환자의 외상적 과거라고 할 수 있어요.

그럼, 네 가지 병적인 억압의 모습을 차례로 살펴보죠. 이것들은 서로 맞물리기도 하고 조금씩 겹치는 부분이 있어요. 첫 번째는 아동기나 사춘기에 갑자기 생긴 트라우마(=외상) 사건, 혹은 사소한 트라우마 사건들의 축적을 예로 들 수 있어요. 트라우마는 어떤 격렬한 사건으로, 그 사건을 도저히 소화할 수 없는 존재 안으로 갑자기 대량의 흥분이 밀려 들어오면서 난폭한 영향을 남기게 됩니다. 외상을 경험한 사람은 반응하지도, 도망치지도, 불안에 떨지도 못하고 그 강렬한 감정을 언어로 옮기지도 못하죠. 외상은 다음과 같이 표현할 수 있어요. 너무 많은 자극이 들어와 그것을 소화할 수가 없다! 외상 사건은 단회적인 사건일 수도 있고, 겉으로는 해롭지 않을 것 같은 작은 외상적 침습들이 축적된 형태일 수도 있어요. 아들에 대한 과도한 사랑으로 아들에게 매일 퍼붓는 엄마의 해로운 스킨십 같은 것이 후자의 예지요. 이 소년은 나중에 성인이 돼서 엄마와 똑같은 신경증을 보일 가능성이 커요. 한 번 이나 여러 차례에 걸쳐서 다른 피해 아동에게 성추행을 가할 수 있지요. 성폭행처럼 실제로 외상이 일어났건, 아니면 여자로서 만족되지 않은 엄마로부터 너무 관능적인 애무를 받아 자극이 된 아이처럼 상상 속에서 외상을 경험했건, 이러한 외상적 충격은 신경증을 불러올 수 있어요. 여러분에게 제가 말하고자 하는 내용의 핵심은, 외상이란 그 사건이 사후에 불러온 효과들을 토대로 추론될 수밖에 없다는 것입니다. 모든 외상 사건은 시간과 더불어 정신기제 안에 새겨지면서 병적인 결과를 불러옵니다. 유아기나 사춘기에 환자가 트라우마 사건을 경험했다는 것을 치료자가 추측할 수 있는 건, 환자에게 그것의 병적인 영향이 존재함을 보고서 사후적으로만 추론이 가능하다는 것이죠.

임상적으로는 이렇게 볼 수도 있어요. 신경증의 온갖 증상을 다 보이는 내담자를 만났을 때는 분석가가 치료원칙을 고수하지 않고 환자나 그 가족에게 도움을 받아서 아동기에 갑자기 닥친 단회적 외상 사건이나 축적된 작은 외상 사건들이 있었는지 알아봐야 합니다. 물론 외상 사건도 찾아 봐야겠지만, 아동이 그 사건을 상상 속에서 경험한 것인지도 유념해 둬야 하죠. 객관적인 현실과는 상관없이 상상 속에서 외상을 경험함으로써 성인기에 신경증 환자가 된 것일 수도 있으니까요.

억압의 두 번째 형태를 보기 전에 정신적 외상에 대해

서 한 가지 더 언급한다면, 프로이트는 모든 신경증의 핵을 오이디푸스 콤플렉스로 보았다는 점이에요. 오이디푸스 콤플렉스는 아동의 삶에 일어나는 일상적인 내적 트라우마지요. 특히 예민한 3-6세의 여아 혹은 남아는, 부모 중 한 명이 자신에게 가하는 너무 육감적인 어루만지기나 가혹한 다루기를 트라우마로 경험할 수 있어요. 오이디푸스기에 이렇게 과도한 사랑을 받은 아동은 지나치게 육감적인 어루만짐이나 부모의 가혹한 처벌 또는 금지를 마치 트라우마의 고통처럼 경험한다는 것이죠.

신경증의 유형에 따라 유아기의 외상 사건은 다음과 같이 세 가지로 분류할 수 있어요. 1.**공포증 환자**에게 억압된 외상 사건은 유기이고 2.**히스테리 환자**에게 일어난 외상 사건은 과도한 성적 자극이며, 3.**강박증 환자**에게 일어났던 일은 학대나 모멸입니다.

두 번째 억압의 형태는, 외상 감정 그 자체예요. 이건 아동이 트라우마 순간에 경험한 감정이기 때문에 우리 치료자들은 이 감정을 외상적이라고 보죠. 따라서 공포증에서는 외상 사건이 유기였기 때문에, 아동을 사로잡고 있는 강력한 감정은, **보호적인 안전한 사랑을 갑자기 빼앗기는 고통**의 감정이에요. 히스테리의 경우는, 외상 사건이 너무 갑작스럽고 때 이른 성적 자극이기 때문에 아동을 압도하는 감정은 **격렬한 자극에서 오는 고통의 감정**, 다시 말해 견디기 힘든 쾌락에서 오는 감정이지요. 강박증의 경우는 외상 사건이 학대나 모멸이기 때문에 아동을 붙잡고 있는 강렬한 감정은 **신체적 위해를 당하거나 자존심이 상하게 되는 고통**입니다.

억압의 세 번째 형태는 사건도 감정도 아닌 욕망, 곧 타자를 향한 들뜸이지요. '**욕망**'이라는 단어를 들을 때 여러분은 이 단어 앞에 '타자'라는 단어를 자동으로 갖다 붙이셔야 해요. 더 정확히 말하면 타자의 '몸'이죠. 내가 사랑하거나 증오하는 타자의 몸, 내게 정서적으로 중요한 타자의 몸을 욕망이라는 단어 앞에 자동으로 갖다 붙이셔야 합니다. 이러한 욕망 안에서는, 사랑하는 대상의 몸을 사로잡아서 이 사랑하거나 증오하는 대상의 몸 속에서 환상적 혹은 신체적인 만족을 얻겠다는 갈구만을 볼 수 있을 뿐이죠.

여기서 억압된 욕망과 관련해 강조하고 싶은 것은, 분석가의 해석이 겨냥하고 있는 억압된 욕망은 일반적인 욕망이 아니라, 병적이고 당혹스럽고, 아동기 외상으로 과활성화된 욕망이라는 점이에요. 설명을 더하자면, 건강한 사람은 성인이건 아기건 타자를 향해 두 가지 모순된 욕망을 느낍니다. 대상은 내가 사랑하는 동시에 나를 보호해주고, 또 한편으로 대상은 내게 성적인 대상이자 소모가능한 관능적 대상이죠. 전자의 욕망은 사랑과 관련돼 있고, 후자의 욕망은 도착된 욕망입니다. 도착된 욕망이란 상대가 동의하건 말건 수단과 방법을 가리지 않고 내가 원하는 걸 얻으려고 갈구하며 쫓아가는 거예요. 한마디로 타자의 사람됨을 사랑하면서도 그 육체는 도착적으로 사랑하는 것이죠. 모든 건강한 욕망에는 이런 도착적인 성향이 있어요. 주체가 대상을 향락의 대상으로 사용하려 하기 때문이지요. 따라서 건강한 욕망이란 엄마-아기 관계를 포함해서 모든 사랑관계 안에 내재된 이런 도착적인 열망이라고 할 수 있어요.

아이가 트라우마 충격을 받으면, 상대방을 소모할 수 있는 대상으로 취급하려고 하는 건강한 도착적인 욕망이 고조됩니다. 아이는 대상이 소모 가능한 대상을 넘어 마비되고 지배받는 종속적인 대상이 되길 바라지요. 그 대상이 다시는 자기를 공격할 수 없게 무장해제를 시키려는 것이죠. 트라우마를 경험한 아동에게는 **또 다른 공격으로부터 자신을 지켜내는 일이 절대 우선 과제**니까요. 그래서 외상을 입은 아동은 그 욕망이 건강한 도착적인 욕망을 넘어 기괴하게 삐뚫어진 욕망이 됩니다. 과거의 피해자가 이제는 가해자가 되는 거예요! 자신을 방어하기 위해 자기가 당한 것을 남들에게도 가하는 것이죠. 저는 이것을 외상후 도착현상이라고 부릅니다. 이러한 도착현상은 종종 외상 사건이 있고 나서 몇 년 뒤에 나타나요. 과거에 피해자였던 어린아이가 잔인하고 가학적이고 노출적인 청소년, 성인이 되는 것입니다. 달리 말하면, 외상 사건이 일어날 당시 초자아가 심하게 손상되거나 아예 파괴가 돼 도덕의식이 약해진 것이지요.

5세 된 여자아이를 치료했던 기억이 나네요. 어린이집에서 딸애가 자꾸 치마를 들어올려서 다른 아이들에게 '엉덩이를 보이곤'해 엄마가 제게 데려왔었지요. 어린이집에서 아이를 퇴원조치 하겠다고 으름장까지 놓아서 부모는 걱정이 컸어요. 첫 회기에서 저는 아이가 언청이입 때문에 출생 후로 여섯 번이나 외과수술을 받았다는 것을 알았어요! 여러 번의 수술이 아이에게 심각한 트라우마 경험으로 축적되었다는 걸 직감할 수 있었지요. 아이의 이런 노출행동이 당시 막 형성되고 있던 초자아의 파괴로 인한 거였음은 쉽게 추론할 수 있었어요. 상상해 보세요. 어린 애가 수술 후에 엄청난 주사들을 맞고 홀로 병실에서 통증으로 얼마나 잠을 설쳤을지... 불가피한 의료적 시술로 고통을 당한 이 아이는 자신을 방어하기 위해 도착적인 노출행동을 보였던 겁니다. 도착행동의 출현에서 외상사건이 담당하는 역할에 대해 잘 알고 있던 저는 이 아이의 무의식적인 도착 환상을 해석해 낼 수가 있었어요. 분석치료 3개월 만에 노출증은 사라졌고, 아이는 다시 어린이집에 나가게 됐지요.

위의 사례를 다시 한 번 봅시다. 트라우마 아동에서 나타나는 방어적인 욕망, 몹시 기괴한 이런 도착적인 욕망은 환자가 반드시 억압해야 할 내적인 위협이기도 합니다. 신경증 환자에서 분석가가 해소시켜야 하는, 특히나 도착적으로 억압된 욕망이란 바로 이러한 것들이죠!

그러면 공포증 환자, 히스테리 환자, 강박증 환자에게 억압돼 있는 특히나 도착적인 욕망은 무엇일까요? 유아기 트라우마가 유기였다면, 미래에 공포증 환자가 될 이 아동의 내면에 이글거리는 방어적인 욕망은 대상을 영원히 자기 안에다 가둬 꼼짝 못하게 하는 것입니다. 이렇게 자기 안에 대상을 가두어 다시는 그가 자기를 버리지 못하게 하려는 것이죠. 공포증 환자에서 억압돼 있는 욕망은 따라서 **도착적인 함입 욕망**입니다.

유아기 트라우마가 과도한 관능적, 성적 자극일 때 미래의 히스테리 환자인 이 아동 안에 타오르는 방어적인 욕망은 상대를 흥분시켰다 좌절시켰다 함으로써, 대상을 불만족과 영원한 기다림 속에 있게 함으로써 상대를 지배하는 것입니다. 다시는 대상이 자기에게 트라우마를 주지 못하도록 말이지요. 만약 이 히스테리 환자가 말을 할 수 있다면 이렇게 고백할 겁니다. "애인이 내 성기에 집착하도록 만들고 싶다구. 그녀에게 난 중독성 마약이 되고 싶어, 그것도 아주 실망스러운 마약이. 그녀를 이렇게 불만족스럽게 해서 계속 안달이 나게 하면 꼼짝없이 내게 갇히겠지." 히스테리 환자에서 억압된 욕망은 그러므로 **상대를 불만족 상태에 두려는 도착적인 욕망**입니다.

유아기 트라우마가 신체적 정신적 학대였다면, 미래의 강박증 환자인 이 아동 안에 들끓는 방어적인 욕망은 대상을 통제하고 폭압적으로 지배하는 것입니다. 상대가 자기 앞에 납작궁 엎드릴 때까지 말이죠. 강박증 환자에게 억압돼 있는 욕망은 따라서 **상대를 무화시킬 만큼 굴복시켜 예속시키고 싶은 도착적인 욕망**이지요.

억압돼 있는 것에는 사건, 감정, 욕망만 있는 것이 아닙니다. 억압된 환상도 있지요. 환상은 무엇일까요? 환상은 드라마의 최소 장면이나 상황으로, 그 이미지가 결코 명확하지 않은 어떤 대략적인 행위예요. 환자는 환상의 모든 디테일을 시각화하지 못해요. 그 행위를 규정하는 움직임과 동작의 강렬함만 지각할 수 있을 뿐이죠. 그런데 이러한 환상은 앞서 우리가 공부한 바 있는 도착적인 욕망들을 상상적으로 만족시켜 줍니다. **공포증에서의** 환상 -환상은 언제나 무의식적이고 억압되어 있음을 잊지 마시라- 은 **사랑하는 사람이 떠나지 못하도록 그를 집어삼키려고 하는 가학적 환상**이에요. 히스테리 안에는 사랑하는 사람을 흥분시켰다가 좌절시키려는 가학적 환상이 있지요. 대상이 더 이상 자기를 유혹하지 못하도록 말이지요. 강박증에서의 환상은 함입 환상도 불만족 환상도 아닙니다. **강박증 안에는 사랑하는 사람이 자기에게 고통을 주지 못하도록 대상를 완전히 결박시키려는, 노예화 환상**이 있어요. 보시다시피 위 세 가지 신경증에 억압돼 있는 무의식적 환상들은 가학적인 전능 환상들로, 이 환상들은 다시는 대상이 자기에게 트라우마를 줄 수 없도록 사랑하는 사람을 통제하려는 도착적인 욕망(과거 외상에서 기인한)을 충족시키는 기능이 있어요.

지금까지 무의식적인 억압의 네 가지 형태를 살펴보았어요. 복습하면, 억압은 환자가 자기 안에 묻어두고서 그에 대해 절대 알지 않으려고 몸부림치는 그 무엇입니다. 억압된 네 가지는 – **유아기 외상사건, 외상 감정, 기괴한 도착적 욕망, 도착 환상.** 환자의 증상에 따라 해석을 달리하는 우리 분석가들은 이 네 가지 정신의 층위에 담겨 있는 무의식적인 의미를 파악해야 하지요. 예를 들어 어떤 증상을 볼 때, 분석가는 그 안에서 외상을 입은 아이를 볼 수 있어야 하고, 동시에 이제는 성인이 된 환자가 자기 안에 숨기고 있는 도착적인 아이도 볼 수 있어야 합니다. 마치 환자가 무의식 속에서 두 가지 상반된 역할을 동시에 하고 있다는 듯이 말이죠. 상처를 준 괴물에게 피해를 당한 아동의 역할과 함께 자기를 보호하기 위해서 남을 아프게 하는 괴물 아동의 역할도 한다는 것을... 따라서 우리는 표출된 환자의 증상을 보면서, 통시적 관점에서는 아동기에 정신을 흔들어 놓았던 사건과 감정을 찾아내려고 하고 공시적 관점에서는 도착적 환상과 욕망을 찾아보려고 애쓰죠. 무의식적으로 억압돼 있는 모든 것을(사건, 감정, 욕망) 종합해서 보여주는 환자의 무의식적 도착 환상을 분석가가 찾아내지 못하는 한은 분석가가 환자의 인격을 이해했다고 볼 수 없어요. 사실, 이 무의식적 환상은 아동기 이래로 환자의 인격을 지배해온 어떤 음침한 허구지요. 이러한 무의식적 환상 속에서 환자는 두 가지 역할(피해자, 가해자)을 번갈아 하는데, 이 무의식적 환상은 또한 환자의 실존 전체를 지배하는 전략들을 결정짓게 됩니다. 이 전략들은 환자의 환상이 가해자의 도착적 전능 환상에 가까운지, 아니면 피해자의 무기력에 더 가까운지에 따라 다르게 구사되지요.

증상을 어떻게 해석할까 : 임상 사례

지금부터는 해석을 할 때 분석가 안에서 일어나는 정신 과정을 보여드리지요. 분석가는 우선 자신에게 즉각 제시되는 일차적 자료들을 가지고 출발합니다. 이 자료들은 나중에 그가 해석을 가하게 되는 자료들이기도 하죠. 일차 자료란 치료자에게 객관적으로 제공되는 환자에 대한 정보들을 말해요. 회기 중에 드러나는 환자에 대한 수많은 생생한 정보 중에서, 분석가가 직관적으로 선택해서 나중에 해석의 근거로 삼을 만한 정보들을 일차 자료라고 부릅니다. 이 자료에는 세 가지 특성이 있어요.

- 환자를 놀라게 하고 환자도 그 원인을 알지 못하는 어떤 비의지적 표현이라는 점입니다. 환자의 의지와 지식을 넘어서 표출되는 것으로, 환자를 요동치게 하고 의문을 갖게 만드는 다양한 꿈들이 그 예지요.

• 환자 삶에서 자주 반복되고 환자를 고통스럽게 하는 병적인 표현이라는 점입니다. 대표적인 예는 환자를 치료로 나오게 만드는 고통스럽고 반복적인 증상이지요 – 증상의 본질은 항상 재발하는 경향이 있음을 기억하시라!

• 일차 자료의 세 번째 특징은 항상 전이의 표현이라는 점입니다. 치료 세팅 안에서 일어나기 때문에, 즉 치료자에 대한 신뢰, 존경, 사랑, 증오의 관계에서 나온다는 점에서 전이와 관련돼 있어요. 분석치료에서 분석가의 해석이 환자에게 수용될 만한 것이 되고 유익하려면 이러한 전이 관계가 반드시 전제되어야만 하지요.

이제는 분석가가 일차 자료, 이를 테면 환자의 증상을 해석하는 순간이 왔군요. 증상을 해석한다는 것은 분석가가 증상의 무의식적인 의미라고 생각하는 것을 환자에게 전달하는 것입니다. 아들을 거칠고 부당하게 때린 것이 죄스럽다며 카우치에 누워 울먹이는 어떤 엄마의 사례를 들어보죠. 제게 제시되는 일차 자료는 이것입니다 – 사랑하는 사람을 아프게 해서 고통스러운 엄마! 저의 첫 반응은 일어난 모든 일을 자세히 알아보는 것입니다. 언제 아들을 때렸나? 어떤 상황에서? 단 둘이 있을 때였나? 어떤 방식으로 때렸나? 아들의 반응을 어땠는지? 얼마나 자주 이런 식으로 엄마가 화풀이를 하나? 물론 이 질문들을 제가 다 직접 어머니에게 하지는 않습니다. 질문들을 품고 있다가 회기 중에 자연스럽게 어머니 입에서 답이 나오기를 기다리거나 때가 되었을 때 조심스럽게 그녀에게 설명을 구하지요. 세부적 사항을 살피는 일은 분석가가 증상을 보고 나서 맨 먼저 떼는 첫걸음에 불과해요. 여전히 본질, 즉 환자의 행동이 지니는 무의식적인 의미를 포착하는 일이 남아있지요.

무의식적인 의미란 또 뭐죠? 이것은 환자의 분노나 죄책을 부추기는 도착적인 환상, 이 환상을 연출하는 도착적인 욕망, 나아가 이런 도착적인 욕망을 불러온 유년기의 트라우마까지 모두 포괄해요. 분석가는 굳이 생각하지 않으면서 자연스럽게 이 인과관계의 연쇄를 따라갑니다. **증상 뒤에 환상이 있고, 환상 뒤에 욕망이 있고, 욕망 뒤에 트라우마가 있다.** 물론 이러한 연쇄의 고리를 따로따로 인위적으로 분리할 수 있는 건 아니에요. 이런 고리들은 임상가에게 반사 신경처럼 갑자기 떠오르죠. 아들을 때린 것에 죄스러움을 느끼던 그 어머니의 예를 다시 들어봅시다. 저는 그 엄마에게 분노를 부추긴 건 도착적인 공격 환상일 거라고 추론했는데, 이 환상 속에서 그녀는 어린 시절에 자기를 때리던 그녀의 아버지의 역할을 한 거였어요. 또 이 환상을 통해서 만족되는 욕망은 사랑하는 이를 아프게 하고 싶은 가학적인 욕망이라는 점도 추론할 수 있었어요. 더구나 이전 회기들에서 그녀는 어린 시절에 아버지가 남동생을 잔인하게 때리는 무서운 장면을 목격했던 일을 기억해 내기도 했지요. 폭력적인 이러한 행동에 대해,

분석가는 적절한 타이밍을 기다렸다가 찬찬히 쉬운 말로, 환자의 이런 강박적 행동의 무의식적인 동기들에 대해서 그가 재구성해낸 내용을 환자에게 전달해 주지요.

설명적인 해석과 창조적인 해석

방금 저는 '재구성'이라는 말을 썼습니다. 이 단어는 앞서 청취 과정의 두 번째 단계인 이해 단계를 정의할 때도 쓴 적이 있어요. 아들을 때린 그 엄마의 분노에 대한 저의 해석은 증상(일차 자료)에서 트라우마(근원적 사건)로 거슬러 올라가는 이론적 재구성의 결과입니다. 제가 환자에게 제시한 이 해석은 논리적 추론의 산물이죠. 여러분도 기억하시겠지만 이 해석은 '검은 수트를 입은 사나이' 사례에서 제가 제시한 해석과는 전혀 달라요. 그 사례에서는 저의 해석이 추론에서 나온 게 아니라 나 자신의 도구적 무의식 안에서 정신내적인 잠수를 통해 얻어진 해석이었지요. 이는 매우 중요한 차이입니다. 하나는 이론적 재구성에서 나온 해석이고, 다른 하나는 치료자가 환자의 무의식을 포착하기 위해 자기 내부에서 행한 정서적 탐사의 결과였지요.

여기서 우리는 종류가 다른 두 가지 해석을 마주하게 됩니다. 하나는 추론으로 얻어진 매우 이성적인 해석으로 이때 분석가는 그가 해석하는 무의식의 바깥에 있습니다. 다른 하나는, 정신내적인 탐사를 통해 얻어진 매우 정서적인 해석으로, 이때 분석가는 그가 해석하는 환자의 무의식을 자기 무의식 안에 담아내지요. 첫 번째 해석을 저는 '설명적 해석'이라 부르는데 주로 설명이나 환자에게 일러주는 형태를 띠지요. 이때 분석가는 머리로 말합니다. 따라서 설명적인 해석은 성찰의 결과라고 할 수 있어요. 두 번째 해석은 제가 '창조적 해석'이라고 부르는데, 이것은 임상가의 말이나 제스처로 섬광과 같은 형태를 띱니다. 이때 분석가는 자신의 도구적 무의식을 가지고 말을 하죠. 따라서 창조적인 해석은 정신내적 탐사의 열매라고 할 수 있어요. **전자에서는 분석가가 무의식을 설명하고, 후자에서는 분석가가 무의식을 재창조하지요**. 이 두 가지 유형의 해석은 서로 너무나 보완적이어서 설명적 해석은 창조적 해서이 도래하기 위한 조건이 됩니다. 환자의 무의식적 환상에 대한 이론적인 재구성(연필과 종이를 사용한) 없이는, 분석가가 정신내적 탐사를 수행한 뒤 자신의 창조적인 도구적 무의식이 말하도록 둘 수 있는 여건이 마련되지 않기 때문이죠.

둘 중 어떤 형태를 띠건 해석들은 동일한 치료 효과를 냅니다. 내담자는 서서히 모방을 통해 자기 안으로 침참해 들어가, 자신이 가지고 있는 자기에 대한 부정적인 이미지를 알아보고, 그 이미지를 수정함으로써, 자신과 화해하는 법을 배우게 되지요. 자신과 공감하는 능력이 자기 내면에 정착된다고나 할까요. 다른 말로 하면, 해석이 지녀야 할 효과는 초자아를 완화시키는 것입니다. 초자아가 자아와 화해할 만큼 충분히 온순해지도록 말이지요.

이제 해석의 내용에서 해석의 포장지로 넘어가 봅시다. 이 점에 대해서는 아래에서 더 자세히 얘기할 거예요. 환자는 분석가가 환자에게 전달하는 생각의 적절성과 정확성 말고도, 분석가가 쓰는 말의 단순함을 알아보고, 분석가의 부드러운 어조나 그가 지니고 있는 소신의 힘을 지각합니다. 그래서 자신도 모르게 분석가의 내면에 흐르는 평안함을 가랑비에 속옷 젖듯 섭취하고 모방하게 되지요.

달리 말해 우리 분석가들은 환자가 이해할 수 있도록 그의 의식에 말을 겁니다. 그가 자기 자신에게 말을 걸고, 우리가 환자를 대하는 것처럼 그가 자신을 대할 수 있도록 특별히 그의 무의식에 말을 걸지요. 조금씩 **내담자는 우리가 그를 대하듯이 자기 자신을 대하게 됩니다. 그리고 분석가가 자기 자신을 다루는 방식으로 환자도 자기 자신을 다루게 되지요.**

단연코 이것은 분석가의 사람됨을 환자가 모방한다는 뜻이 아닙니다. 분석가가 자신에게 말을 걸고 자기 자신을 사랑하는 이러한 비갈등적인 방식을 환자가 배운다는 것이죠.

*

한 가지 덧붙이자면, 환자에게 해석을 전달하는 일은 치료의 다양한 국면에서 이루어질 수 있어요. 대개 해석은 단번에 대량으로 주어지기보다는 조각 조각 차츰 차츰 전달이 됩니다. 앞서도 말했듯이 환자는 이미 자신도 그걸 알고 있다는 것을 의식만 하지 못할 뿐, 분석가가 환자에게 드러내주는 걸 이미 알고 있지요. 이 점을 꼭 기억하세요. 해석은, 환자가 이미 알고 있으나 희미하게 알고 있는 것을 명백하게 말로 해주는 것이다! 다시 말해, 해석은 때가 무르익어 이제는 전의식 차원으로 올라온, 희미하긴 하지만 이제는 알아볼 만한, 그 무의식적인 의미를 환자에게 말로 또렷이 전달하는 것입니다. 전의식이란, 환상의 주된 감정에 갖다 붙일 적당한 이름을 아직 못 찾은 무의식에 다름 아니니까요. 이것에 이름을 찾아주는 것이 분석가의 일입니다. 그러므로 **해석은 항상 무의식의 농익은 열매를 따는 일**이라 하겠습니다.

치유는 해석의 열매다

안도감.....

"이제는 더 이상

다른 인생이나 절대를 꿈꾸지 않는다

이제 더 이상은

알 수 없는 예리한 고통으로 힘들지 않아

이제는 그동안 잊고 있던

소망들과 화해하고

해방이 되었지

드디어 나 자신을 다시 만들 수 있게 됐어"

–분석을 끝내면서 어떤 내담자가, 2016년 7월–

분석치료 끝 무렵에 어떤 내담자가 제게 준 시의 일부분입니다. 신경증에서 벗어난 한 남성이 느끼는 안도감을, 저도 이보다 더 잘 표현할 수는 없었을 거예요. 이처럼 감동적인 간증을 들을 때면, 치유에 이르게 된 평안의 순간을 함께 나누는 만족감은 물론 저는 늘 경이와 궁금증을 갖게 됩니다. 어떻게 내담자와 분석가인 내가 이처럼 신경증을 누그러뜨릴 수가 있었지? 환자의 치유에 대해 자문할 때마다 제 영혼에 떠오르는 건, 처음과 끝이 다시 만나서 이루는 원입니다. 이 원은 환자가 취하기 전에 분석가가 먼저 취하는 본질적인 제스처를 상징해요. 이 제스처는 뭐고 또 이 원은 뭔가요? 분석가의 원은 환자의 무의식적 환상을 포착할 때 분석가가 수행하는 자기 내면으로의 침잠의 움직임을 웅변적으로 말해주는 아이콘이자, 환자가 자신에게로 돌아오는 모습을 표상하지요. 치료 과정 내내 수천 수만 번 반복해야 하는 자기 자신으로의 회귀 말입니다. 이 회귀가 점점 정교해지면서 결국 내담자는 자신에 대해 가지고 있는 부정적인 이미지를 찾아내 그것을 수정하고, 그럼으로써 자신과는 물론 가까운 사람들과 갈등하는 관계들을 변형시키게 됩니다. 내담자가 자신의 증상이 사라지는 걸 볼 수 있는 기회는 바로 이런 때 크게 열리지요. 이때는 분석가 또한 자신도 모르는 사이에 얼마나 자기가 내담자에게 자신을 성찰하는 법을 잘 알려주었는지, 그리고 내담자도 모르는 사이에 얼마나 자신이 자기 성찰의 제스처들을 잘 배웠는지 알아차리는 순간이기도 하죠. 그러므로 정신분석은 끊임없이 갱신되는 전수과정이라 할 수 있어요. 어떤 전수냐 하면, 임상가가 내담자에게 자기의 가장 내밀한 지점까지 내려가는 능력을 전달해주는 그러한 전수과정이죠. 마르그리트 유르스나르가 쓴 결정적인 표현이 생각나네요. "진정한 용기는 자신을 능가하는 데 있다기보다 자기 자신에게 가닿는 데 있다."

하지만 여기서 자기 지각의 두 가지 원을 잘 구별할

필요가 있습니다. 분석가는 자신의 도구적 무의식 속으로 잠수해 들어가 거기서 내담자의 무의식적 환상을 포착해 내고, 다시 수면으로 올라와 이른 바 창조적인 해석의 말을 전달합니다. 반면 환자의 원은 치료자에 의해 격려된 상태로, 환자는 전의식 속으로 침잠해 들어가 거기에서 자신에 관한 지나치게 부정적인 이미지를 발견하는데, 치료자의 해석 덕분에 그것을 의식하고 수정하게 되지요.

세 가지 신경증에서 해석을 통해 변형시켜야 할 자기에 대한 부정적인 이미지

신경증 환자들의 불안 상태와 갈등 행동 뒤에 끓어오르고 있는, 자신에 대한 부정적인 이미지란 무엇인지 여기에서 좀 더 자세히 살펴보지요. 공포증 환자가 자기에 대해 갖고 있는 부정적인 전의식적 이미지는 버려질 위험이 조금만 있어도 불안에 떠는 **연약하고 취약한** 존재의 이미지입니다. 공포증 환자가 자기 배우자를 견디기 어렵게 만들고 못살게 구는 것도 바로 이런 내적인 취약감 때문이죠. 때로 공포증 환자는 상대방을 너무나 숨 막히게 하는데 어떨 때는 도리어 오만한 자율성을 보이기도 해요. 상대가 조금만 멀어지는 낌새가 보여도 공포증 환자는 버려지는 느낌이 들기에 상대를 이렇게 비난하죠. "자기가 날 위해 있어 준 적이 있냐고!" 여기서 우리는 공포증 환자가 가지고 있는 자기에 대한 이미지 '난 연약하고 취약해'가 얼마나 과도하게 부정적인지 알 수 있어요. 또 과하게 부정적인 이러한 이미지가 공포증 환자로 하여금 필연적으로 상대에게 자기를 영원히 무한대로 절대적이고 전적인 **보살핌으로 사랑하여** 안심시켜 줄 것을 요구하게 한다는 것도 알 수 있지요.

히스테리 환자가 자기에 대해 갖고 있는 부정적인 전의식적 이미지는 조금만 배반의 기운이 느껴져도 불안에 떠는 **불만스런 존재, 충분히 사랑받지 못한** 존재의 이미지입니다. 자신은 사랑에 적합하지 않다는 이러한 내면의 느낌 때문에 히스테리 여성은 자기 애인을 몹시 힘들게 합니다. 때로 상대를 짜증나게 만들고 좌절하게도 하지만 때로는 거짓 다정함을 보이기도 하죠. 상대가 조금만 다른 데 관심을 보여도 히스테리 환자는 무시당한 느낌이 들어요. 그래서 애인에게 이렇게 항의를 하죠. "자기는 전혀 날 예뻐하지 않아!" 여기서 우리는 히스테리 환자가 갖고 있는 자신에 대한 이미지 '난 만족되지도 충분히 사랑받지도 못하고 있어'가 얼마나 지나치게 부정적인지 알 수 있어요. 그리고 이 과도한 이미지가 필연적으로 상대방에게 자신을 영원히 절대적이고 완전히 **관능적인 사랑**으로 안심시켜야 한다고 요구하게 하는지도 알 수 있지요.

강박증 환자가 자기에 대해 갖고 있는 부정적인 전의

식적 이미지는 남들이 조금만 요구를 해와도 불안에 떠는 '하찮은' 존재의 이미지입니다. 이러한 내적인 무능감 때문에 강박증 환자는 상대방을 견디기 힘들게 만들어요. 때로는 독재적이고 공격적이다가 또 달콤한 친절을 보이기도 하죠. 상대가 자신에게 조금만 말을 걸어도, 단순한 코멘트만 해도 모멸감을 느끼며 애인에게 "자긴 전혀 날 가치 있게 안 보잖아!" 하면서 따집니다. 우리는 여기서 강박증 환자가 가지고 있는 자기 이미지 '난 형편없어'가 얼마나 지나치게 부정적인지 알 수 있어요. 그리고 이 과도한 이미지가 필연적으로 상대방에게 자신을 무한 숭배하며 영원히 절대적이고 전적인 감사를 받치도록 요구하게 한다는 것도 알 수 있지요.

지금까지 신경증 환자들이 희미하게나마 자신에 대해 과장되게 지각하는 세 가지 부정적인 이미지를 살펴보았습니다. 분석가는 불안과 관계 갈등의 원인이 되는 이러한 자기 이미지들을 분석치료를 통해 해소시켜야 하지요. 분석가는 환자가 갖고 있는 이런 부정적인 이미지가 그의 무의식적 환상이 전의식적으로 표현된 것임을 깨닫게 해줌으로써 제거할 수 있어요. 무의식적 환상 속에서 공포증 환자는 자기를 유기한 나쁜 괴물에게 희생이 된 아이의 역할을, 히스테리 환자는 자기를 사랑해 주지 않은 나쁜 괴물에게 희생된 아이의 역할을, 강박증 환자는 자기를 멸시하는 나쁜 괴물에게 희생이 된 아이 역할을 하고 있지요. **여기서 꼭 알아야 할 것은, 신경증 환자가 겪는 불행의 진짜 원인은 스스로에 대한 전의식적인 부정적 이미지가 아니라, 이러한 이미지를 유발하는 도착적 환상이 그를 불행하게 만드는 진정한 범인이라는 거예요!**

사례를 하나 소개합니다. 이 사례에서 저는, 환자가 자신에 대해 연마해 온 부정적인 이미지가 실은 7세부터 그를 괴롭혀온 해묵은 모멸 장면에 기인한 것임을 알려 주려고 하지요. 강박증의 특성을 보이는 한 30대 남성에게 제가 해준 긴 해석은 아래와 같은 거였어요. 환자에게는 오랜 시간, 여러 회기에 걸쳐서 준 해석이지만 독자 여러분에게는 이렇게 단번에 말씀 드릴 수밖에 없군요.

“당신은 자신이 허접하다고 하지만 당신은 전혀 허접하지 않아요. 당신은 스스로를 무가치하다고 느끼고, 이걸 아주 오래 전부터 믿어왔죠. 심지어 아동기부터... 제 생각에 당신은 너무 어려서부터 엄격한 아버지에게 너무 많은 압력과 요구를 받았어요. 그래서 당신 안에는 결코 난 아버지가 원하는 수준에 이르지 못할거야 하는 불안이 뿌리내리게 되었지요. 아무리 사소한 일이라도 일단 어떤 요구에 직면하면, 당신 안에서는 당신 아버지도 하지 않았을 모멸적인 비난의 목소리가 올라와요. ‘넌 그거 못해!’이런 자기비난은 ‘나는 형편없어’ 하는 부정적인 자기 이미지와 바로 연결돼 있지요. 그런데 보세요. 아버지에 의해 주입된 이런 생각이 당신의 가장 깊은 곳에서는 이런 장면으로 수렴되고 있어요. 이 장면에서 당신은, 강압적이고 공격적인 어떤 보이지 않는 인물에게 멸시받는 아이예요." 이 해석 이후로, 물론 제가 여러 회기 동안 반복했지만, 내담자는 좋은 학벌임에도 그때까지 취직을 못하고 있었는데, 어느덧 실패의 불안을 딛고 대기업 임원이 됐어요.

차츰 회기가 쌓이면서 내담자가 자신의 존재 전부를 지배하고 있는 이러한 무의식적 환상, 즉 자신은 약하고 사랑받지 못하고 형편없다고 믿게 함으로써 한없이 보호와 사랑과 불가능한 칭찬을 갈구하게 만드는 이러한 도착적인 무의식적 환상에 자신이 사로잡혀 있음을 의식하게 되면, 또 자신의 환상과 자신의 고삐풀린 이상에 대해서 의식하게 되면, 이러한 환상은 그 독성을 잃게 됩니다. 이런 식으로 정리할 수 있죠 – 이렇게 힘은 잃었어도 그 환상은 내담자 안에 계속 남아서 그의 성격을 형성한다! 그렇다 하더라도 이 환상은 더 이상 해롭지 않아요. 환상의 덫에서 해방된 내담자는 이제 자기에 대해서나 남들에 대해 또 삶 전반에 대해서 평온하고 평안한 자세를 갖게 되니까요.

* *
*

3부

사례로 보는 분석가의 4가지 해석 유형

정신분석가로서 젊은 시절이 있습니다. 이때는 은사들에게 배운 이론들을 갓 개입한 자기 임상에 적용하려고 애쓰는 진지한 학생 같은 시절이지요. 그 뒤로 성숙의 시기가 옵니다. 이때는 이미 분석가로서 많은 경험을 쌓은 상태로, 스승들의 임상철학을 자기의 것으로 체화하는 동시에 늘 새롭게 다가오는 임상에서의 도전들에 기존의 이론들을 혁신시켜 접목하게 됩니다. 마지막 단계는, 분석가가 오랜 경험을 통해 자기의 임상이 변했음을 깨닫고 이제는 전혀 다른 개념화가 필요하다는 것을 알게 되는데, 50년 임상경험을 가진 제가 바로 이런 시기에 있다는 생각이 듭니다. 그래서 한 번도 발표한 적이 없는, 제 모든 임상 노하우가 녹아든 기발

한 해석의 예 4가지를 여기에 소개하고자 합니다. 정신분석가의 진화에 대해 한마디 덧붙이고 싶군요. 제가 분석가의 젊은 시절과 성숙의 시기에 대해 말했는데, 이러한 성장의 과정에는 빼놓을 수 없는 조건이 있습니다. 그건 자신의 굳어진 습관에도 불구하고 임상가는 늘 정결함과 언제나 놀랄 수 있는 능력을 갖추어야 한다는 거예요.

임상의 새로운 방식들 :
다섯 명의 환자 이야기

이제 완전히 새로운 정신분석적인 해석의 방법 4가지를 소개해 드리죠.

1. 주관성의 교정 2. 해석적 활유법

3. 이야기적인 해석 4. 제스처를 통한 해석

이 해석의 방법들은 내담자에 따라 그 적용 방식이 조금씩 다른데, 환자가 자신을 대하는 태도에 즉각적인 변화가 일어난다는 점에서 제가 사용할 수밖에 없었던 기법들이에요. 그래서 위 4가지 방법을 구분해서 그것들에 이름을 붙이고 이렇게 별도로 개념화하게 되었지요. '주관성의 교정'외 나머지 세 가지는 해석의 변형기법으로서 다음과 같은 공통점을 갖고 있어요 – 이 진술들은 내담자를 직접적으로 겨냥해서 발실되지 않는다! 이것들은 우회적이고 잠정적인 해석적 개입으로, 환자가 저항 없이 자신을 의식하도록 해줍니다. 이것들의 공통점은 저항을 불러오지 않는다는 거예요. 내담자 쪽에서 두려움이나 반발을 느끼지 않는다는 것이죠. 이런 해석은 환자로 하여금 억압돼 있던 것을 서서히 의식하도록 만드는데, 이러한 통찰은 종종 내담자 자신도 모르게 일어납니다. 이렇듯 우회적으로 말을 걸면서 분석가는 자신의 해석을 강압적이지 않은 방식으로 내담자에게 제시하지요. 자, 그럼 이 해석의 수사법들이 어떻게 서로 다른지 한번 볼까요?

이야기적 해석

이야기적 해석이란 환자에게 제공되는 비유적 제언, 비유적인 서사를 말해요. '검은 수트를 입은 사나이' 사례에서처럼, 환자의 무의식적 환상속 이야기의 주인공에 분석가가 스스로를 동일시하며 들려주었던 그 이야기들 생각나시죠? 이야기를 들려줌으로써 분석가인 저는 엄마를 쫓아가던 그 어린 소년의 마음을 내담자가 경험하도록 해주었지요. 아동이었을 때 정상적으로 엄마의 죽음을 애도할 수 있었다면 경험했을 바로 그것을 내담자가 경험하도록 분석가가 도와준 것이죠. 고전적인 정신분석의 해석처럼 "당신은 갑자기 엄마를 잃었고, 그 후로 당신은 엄마가 떠났다는 사실을 온 존재로 거부하고 있지요."하면서, 엄마를 애도하지 못한 상태를 환자에게 이해시키는 대신에 저는 직감적으로 저의 도구적 무의식의 유연성과 감수성으로 내담자에게 다르게 접근할 수 있었어요. 그런 식으로 그가 해냈어야 할 애도에 대한 우화를 제가 만들어냈던 것이죠.

애도란 무엇인가요? 이제는 떠나가고 없는, 사랑했던 그 존재 없이도 살아가는 법을 배우기까지 필요한 시간을 우리는 애도라고 부릅니다. 하지만 그 검은 수트를 입은 사나이는 애도를 해내지 못했어요. 엄마의 상실을 점차로 수용하게 되는 데 필요한 그 시간을 건너가지 못했던 것이죠. 아버지가 거짓으로 들려준 갑작스런 소식에 충격으로 굳어져, 그 소식을 들었던 6세의 나이에 멈추어서 살아가기를 중단하고 애도 속에 영원히 갇힌 아이가 되어버렸던 것입니다. 이 해석적 비유담에서 저는 혼이 나가버린 아이에게 동일시하지 않고 그 비극적인 장면으로 거슬러 올라가서, 너무 무서웠지만 엄마를 필사적으로 쫓아갔던 그 아들에게 저를 동일시했어요. 그러니까, 6세 아이가 엄마를 빼앗겼던 바로 그 순간을 찾아내, 그 순간을 비유로 바꾸어 그 고통스런 이별의 순간을 평안으로 바꾸었던 것이죠. 결국 저의 이야기적 해석은 그 검은 수트를 입은 사나이가 정상적으로 해냈어야 할 애도에 대한 비유담이었던 것입니다. 그 비유담은 효과가 있었어요. 제 해석을 듣고, 그는 단번의 회기에서 20년 동안 하지 못했던 애도를 해냈지요.

해석적 활유법 : 시릴 사례

이제 대화 형태의 해석적 활유법에 대해 알아보죠. 무엇이 활유법인가요? 활유법은 '사람'을 뜻하는 그리스어 prosôpon와 '하다'를 뜻하는 poeîein에서 유래한 말입니다. 수사학에서 활유법은 부재하거나 살아있지 않은 존재, 혹은 무생물이나 동물 또는 의인화된 사물이나 어떤 추상적 개념이 말을 하도록 만드는 수사법이에요. 그러니까 활유는 말을 통해 현재 발화 시점에 함께 있지 않은, 죽었거나 살아있는 자를 존재하게 하는 화법인 거예요. 대화 시점에 부재해 있는 어떤 존재가 여기 있었더라면 했을 법한 그 말을 지어내 그 사람이 말하는 것처럼 연출하는 수사법인 것이죠.

이제 전형적인 정신분석적 활유법에 대해 알아보지요. 어떻게 하는 걸까요? 이것은 치료자가 환자에게 말을 걸 때, 내담자의 고통의 근저에 있는 그의 무의식적 환상속 이야기의 조연에게 대사를 말하도록 하는 것입니다. 임상가 자신이 그 조연이 되어, 그 사람이 여기 있었더라면 했을 법한 말을 환자에게 대신 전달해주는 것이죠. 분석가는 환자가 의식에서 느끼는 것에도 동일시하지만, 환자의 무의식적 환상속 이야기의 주인공인 그 아이가 느끼는 것에도 동일시한다는 점을 잊지 마시기 바랍니다. 한마디로 분석가는 이중의 동일시를 수행하는 겁니다. 현재 분석가 앞에 앉아 있는 환자가 느끼고 있는 감정에 동일시하는 한

편, 내담자가 아동이었을 때 느꼈으나 곧 억압해 버렸던 그 감정에도 동일시하는 것이죠. 이 이중의 동일시를 저는 이중의 공감이라고 부릅니다. 여기에 저는 제 3의 동일시인 제 3의 공감을 추가하는데, 이것은 바로 앞에 앉아 있는 내담자도, 환상속 어린아이도 아닌 환상에 등장하는 조연인물에 동일시하는 것입니다. 거의 모든 환상속 장면에는 두 사람의 인물이 등장한다는 점을 기억하세요. 한 명은 환자 –주인공으로 대개는 방치되고 제대로 사랑받지 못하거나 학대당한 아이–고, 다른 한 명은 그와 가까운 사람을 표상하는 조연으로 거의 항상 성인이고 엄마지요.

해석적 활유법, 곧 정신분석적 활유법은 분석가 자신이 내담자의 무의식속 환상에 등장하는 조연인물인 것처럼 내담자에게 건네는 해석이라고 할 수 있어요. 때로 분석가는 환상속 두 인물이 서로 대화하도록 하는 방식으로 해석을 주기도 하고, 두 인물 중의 한 사람과 분석가가 대화하는 방식으로 내담자에게 해석을 제시하기도 해요.

이러한 해석은 어떤 것인지 임상 사례를 들어볼까요? 저는 21세 공포증 환자인 시릴을 주기적으로 만납니다. 시릴은 하는 일 없이 낮에 컴퓨터 앞에 앉아 마리화나를 피웁니다. 최근 어떤 회기에서 시릴은 제게 이렇게 고백했어요. "지난 번에 선생님이 우리 둘 곁에 저희 엄마가 앉아 있는 것처럼 상상하시고 마치 엄마랑 대화를 나누시는 것처럼 하셨잖아요. 그게 제겐 충격이었는데, 나가면서 속이 후련했어요. 엄마가 앉았다고 상상한 그 의자에 대고 선생님은 이렇게 물으셨죠. "부인, 시릴이 아기였을 때는 어땠나요?" 그러고 나서 엄마를 대신해 이렇게 답하셨어요. "선생님, 저는 항상 불안해하는 엄마였어요. 어린 시릴에게 제 불안을 옮길까 겁나요. 시릴은 항상 제 품 안에 웅크리고 있답니다. 그럴수록 저의 불안이 아이에게 더 스며들 것만 같았어요. 가끔 시릴이 눈을 커다랗게 뜨고 절 쳐

다볼 때면, 시릴도 나중에 나만큼이나 불안한 아이가 되겠구나 생각했지요."

제가 시릴에게 주고 또 시릴이 피드백을 해온 이 드라마화된 해석은 시릴이 방에서 나가고 싶지 않다고, 계속 게임만 하고 싶다고 말했을 때 제게 떠올랐던 장면을 언어로 리얼하게 옮긴 것에 불과해요. 저는 이 해석으로 실은 그가 방을 떠나고 싶지 않은 것이 아니라 거리가 무서워서 방에서 못 나간다는 걸 이해시키고 싶었어요. 그 순간 저는 고전적인 정신분석에서처럼 "당신의 두려움은 당신 어머니가 전달해준 거예요"라고 해석하지 않고, 저의 도구적 무의식의 화면에 떠오르는 장면을 생중계 하듯이 따라갈 뿐이었지요.

저는 아들에게 불안을 옮겨준 것에 죄책을 느끼는 어머니가 제게 말을 건네오는 것을 화면에서 보았어요. 내담자는 돌아가신 어머니가 저, 나지오박사에게 했을 법한 말이 제 입에서 흘러나오는 걸 유심히 들었는데, 그건 그가 자기 내면에서 듣던 목소리였지요. 그건 저의 남자 목소리가 아닌 그의 어머니 목소리, 더 정확히는 그가 억압하고 있던 친밀한 목소리 톤이었던 겁니다. 그 눌려 있던 목소리가 이렇게 상담회기 중에 울려 퍼진 것이죠. 저는 활유법을 사용해서, 엄마가 분석가에게 아들에 관해 말하는 걸 성인 시릴이 마치 아이로서 경험하는 것처럼 해주었던 거고요. 무슨 일이 일어난 걸까요? 정신분석의 용어를 빌려 간단히 설명하면, 분석가의 말이라는 자석, 곧 분석가의 활유법적인 해석에 붙어서 억압돼 있었던 것이 수면 위로 떠오른 것입니다. 분석가인 저는 시릴 어머니의 여자 목소리를 내지 않고 온전히 제 목소리로 내담자가 한 번도 명료하게 경험하지 못했던 어떤 감정을 불러일으켰던 것이죠. 어떤 감정일까요? 시릴이 엄마와 암묵적이고 융합적인 어떤 불안을 함께 나누고 있다는 그러한 감정일 테지요.

활유법적인 해석에 도달하기 위해서는 여러 가지 선행 조건이 필요해요.

- 분석가가 환자의 증상과 사연을 잘 알아야 합니다.

- 몸짓, 얼굴표정, 첫 회기부터 제가 알아차린 시릴 특유의 두려움 가득한 눈빛 등 환자의 태도를 특징짓는 디테일들을 유심히 관찰해야 합니다.

- 눈에 띄는 디테일을 지각하는 데서 출발하여 환자가 가까운 어떤 가족과 얽혀 있음을 상상해 냅니다.

- 이때 분석가는 환자와 접촉을 유지하는 동시에 자신 안으로 깊숙이 들어가 환자의 무의식적 환상을 포착해 내야 함을 느낍니다. 이런 식으로 해서 분석가는 자신이 상상해낸 사람의 역할을 정신적으로 하게 되지요. 이때

분석가는 환자와 가까운 그 사람이 느꼈을 법한 감정을 느낍니다. 분석가는 상상속 그 인물이 느꼈을 것으로 보이는 그 감정을 가지고서 그 사람이 환자에게 말하는 것처럼 환자에게 해석을 건넵니다.

제스처를 통한 해석 : 프랑수아 사례

새로운 이 세 번째 해석 방법은 분석가가 환자에게 말을 할 뿐만 아니라, 자리에서 일어나 환자의 무의식속 환상 장면을 몸소 연기로 보여주는 것입니다. 치료자는 환상이 배어 있는 환자의 행동뿐 아니라 환자가 증상을 보일 때 취하는 태도를 흉내 내기도 하죠. 몸짓을 통한 해석과 관련해서는 젊은 강박증 환자였던 프랑수아 사례가 떠오릅니다. 그는 여러 강박장애 중에서도 특히 창문의 손잡이를 깨뜨리는 버릇이 있었어요. 밤이면 집 창문이 완벽하게 닫혔는지 단속하다가, 그러니까 완전히 창을 밀폐시켜서 어떤 침입자도 못 들어오게 단도리를 하다가 매번 창문 손잡이를 깨곤 했지요. 지금도 그 회기가 생생히 기억나요. 프랑수아는 맞은편 소파에 앉아서 그가 집에서 하는 의례 행위들을 제게 자세히 묘사했어요. 저녁이면 거실 창가로 가서 창문을 너무 세게 닫아서 창문 손잡이를 주기적으로 깨뜨리는 게 일이었지요. 창이 꽉 닫힌 게 확인되면 편안히 침실로 가서 자위하는 동시에 억제할 수 없는 다른 의례행위들도 하는 것이 일과였죠.

저는 여기서 젊은 강박증 환자의 행동거지를 보여주려는 게 아니라 정신분석가가 기능하는 방식을 보여드리려고 하는 겁니다. 프랑수아는 그가 저녁마다 하는 의례행위들의 맥락을 묻는 제 질문에 답하면서 그가 꼭 해야만 하는 전형적인 몸짓들을 묘사해 주었어요. 그러자 저는 자리에서 일어나 벽에 걸린 그림들의 하나로 가서, 그 그림이 마치 창문인 것처럼 하고서 프랑수아에게 말했어요. 여러분은, 우리 두 사람이 함께 있었던 당시 상담실 장면을 잘 그려보시기 바랍니다. 저는 서 있고 프랑수아는 계속 소파에 앉아 저를 바라보고 있는 상황이죠. 저는 그림을 마주보고 서서 마치 그것이 창문인 것처럼 그쪽으로 팔을 뻗어 상상의 손잡이를 돌리며 프랑수아에게 묻습니다. "그러니까 이렇게 돌려서 손잡이가 깨질 정도로 꽉 닫는다는 거죠?" 제 시연을 유심히 보던 그가 대답합니다. "아뇨. 그렇게 하는 게 아니라니까요." 놀란 제가 대꾸합니다. "네? 이게 아니라면 어떻게 하신다는 건가요?" 그는 제가 하는 손놀림은 맞지만 자기는 결코 창문을 마주보고 서지 않는다고 말합니다. 자기는 창문 옆쪽에 서서 창을 닫는다는 거였어요. 여러분은 여전히 그는 소파에 있고 저는 그림 옆에 서 있다는 것을 잊지 마세요. 그래서 제가 덧붙였어요. "그럼 어떻게 창을 닫나요? 왜 창문 옆에 서서 닫는다는 겁니까? 손잡이를 고정하는데 왜 이렇게 불편한 자세로? 옆에 서서 닫는 건 굉장히 어려운데!" 그가 바로 대답합니다. "저는 절대로 등을 안 보여요! 누가 뒤에서 칼로 찌를까 무섭거든요."

황당해진 저는 그가 한 말을 되풀이합니다. "뒤에서 누가 칼로 찌른다? 창도 닫아서 아무도 들어올 수 없고, 집 안에는 2층에서 주무시는 어머니밖에 없는데 어떻게 등에 칼을 맞는다는 거죠? 누가 무서운 건가요?" 그는 침묵을 지켰고, 저는 말은 않지만 알아차립니다. 그의 환상 속 어머니, 그를 예속시키고 있는 그의 어머니가 피비린내 나는 괴물로 둔갑해 있다는 것을... 그 순간 저는 이 말만 조심스럽게 암시적으로 건네기로 했지요. "당신을 위협할 사람은 당신 어머니 말고는 없어 보이는데..." 물론 뒤에서 누가 칼로 찌른다는 그의 환상은 그에게 억압된 동성애적 욕망이 있음을 환기시켜 줬어요. 그러나 당시는 치료 단계상, 살인적인 어머니나 그의 동성애적 성향에 대해 명백히 말로 하는 것은 아직 때가 일렀기에 저는 많은 말은 하지 않기로 했지요. 이 사례를 여러분에게 보고하는 이유는, 제가 일어나서 그의 증상을 흉내 내지 않았다면 프랑수아의 강박 환상 속에서는 어머니가 너무도 사랑스런 대상인 동시에 위험인물이었다는 걸 결코 생각해 내지 못했을 것이기 때문이에요. **제가 환자의 증상을 연기하면서 의도치 않게 증상 저변에 있던 무의식적 환상이 수면으로 떠오르게 한 거였지요.** 이는 몸짓을 통한 저의 해석이 정신분석적인 해석이었다고 인정할 만한 근거가 됩니다. 게다가 효과적인 해석이었다고 자부할 수 있는 건, 1년 뒤에 나름 심각했던 그의 증상이 사라지면서 프랑수아가 분석을 종결했기 때문이에요. 몸짓을 통한 해석과 같이 우회적인 해석 덕분에 저는 환자의 삶에 장애를 주던 증상들을 없앨 수 있었지요.

필립 사례

몸짓을 통한 해석을 적용한 또 다른 예가 있습니다. 이 사례는 주관성의 교정을 보여주는 사례이기도 해요. 34세의 변호사 결혼을 생각하며 2년 넘게 동거를 해오던 중이었어요. 초기 면접에서 그는 제게 이렇게 고백했어요. "문제가 하나 있어서 상담 받으러 왔습니다. 지금 제 동거녀도 대기실에 와 있는데요... 그녀는 제가 밤중에 일어나 컴퓨터를 켜고 포르노 사이트 앞에서 자위하는 모습을 자주 봤어요. 저도 그녀도 이런 행동이 끝나길 바라죠. 이런 나쁜 습관이 있는 한은 우리가 결혼할 수 없으니..." 이런 호소를 듣자마자 저는 증상의 반복에 대해 생각했어요. 반복되지 않는 증상이란 없다는 것을 기억하세요! 임상에서 자동으로 드는 이런 생각 때문에 그에게 제가 물었어요. "언제부터 컴퓨터 앞에서 자위행위를 했나요?" 그가 대답했습니다. "굉장히 오래 전, 청소년기 때부터요." 초기 면접이 진행되면서 저는, 자위가 아니면 사정이 불가능할 만큼 자위에 중독돼 있는 상태를 필립이 매우 힘들어한다는 걸 알게 됐지요. 그는 여성에게 삽입은 할 수 있었지만 사정을 하기 위해서는 다시 나가 자위를 해야만 했어요. "지금 동거하는 에밀과 처음 생긴 일인가요 아니면 전에 다른 여성과도?" 제가 물었습니다. "첫 여자친구와도 그랬어요. 8년간 사귀면서 한 번도 그녀 안에 사정한 적이 없었죠. 생각해 보니, 여자 몸 속에다는 한 번도 사정한 일이 없네요."

순간 저는 제가 주관성의 교정이라고 부르는 것을 적용했어요. 보면 아시겠지만 이것도 일종의 몸짓을 통한 해석입니다. 주관성의 교정이라고 일컫는 것은, 환자가 자신의 증상에 부여하는 그 의미를 제가 교정해주기 때문이에요. 주관성의 교정을 실행한다는 것은, 여러분도 보겠지만, 고민돼서 상담을 받으러 온 그 장애에 대해 환자 자신이 가지고 있는 생각을 바꿔주고 그가 증상을 겪어내는 방식도 바꿔주는 것을 말해요. 이를 테면 그의 생각과 그가 절실히 느끼는 감정을 바꿔주는 것이죠. 사실 필립 사례에서는 문제가 그가 생각하는 것처럼 밤중에 일어나서 하는 그의 은밀한 자위습관이 아니었어요. 애인 몰래 포르노 사진을 보는 것도 아니었죠. 문제는 전혀 다른 거였어요. 저는 필립이 놀라지 않도록 아주 자연스럽게 그의 오른손을 잡아들고, 그의 손바닥을 치대며 말했어요. "문제는 당신의 성기, 그러니까 당신 페니스가 여기 당신 손바닥에 붙어버렸다는 거예요. 사정을 위해서는 당신 페니스가 이 손바닥 피부를 절대적으로 원한다는 게 문제죠. 당신 혼자만 아는 리듬을 따라서 당신 손이 꽉 붙잡고 흔들어주길 이 페니스가 원한다는 거요." "거기까진 전혀 생각을 못했네요!" 그가 대답하자 저는 이렇게 제안했어요. "앞으로 당신과 내가 함께 시도해 볼 건, 이 페니스를 당신 손바닥에서 떼어내는 일이라오!"

이는 몸짓을 통한 해석으로, 바로 첫 회기에 주관성을 교정해 낸 사례입니다. 주관성의 교정은 일종의 이동이라고 할 수 있어요. 포르노 사진에 의존하는 문제로 상담에 왔던 환자를 만나, 성기가 그의 손바닥에 의존해 있다는 걸 보여주면서 문제를 이동시킨 거였지요. 시각적 의존에서 촉각적 의존으로 그 의미를 바꿔준 것입니다. 관음증적인 강박적 향락에서 촉각적인 강박적 향락으로 그 방향을 바꾸어준 것이죠. 필립이 겪고 있는 장애는 성의학에서 '사정불능증'이라고 부르는 심각한 성적 증상입니다. 제가 심각하다고 말하는 건, 손과 페니스 간의 이러한 만성적 중독을 끝내지 않으면 인공수정을 쓰지 않는 한은 환자가 결코 자녀를 가질 수 없기 때문이에요. 필립과 유사한 증상을 보였던 다른 환자들은 결국 인공수정을 동원할 수밖에 없었지요. 전적 발기불능으로 고생하던 한 40대 남성을 상담했던 기억이 납니다. 그는 아내의 성기에 페니스를 삽입할 수가 없었어요. 여성의 성기가 완전히 밀

봉돼 있다는 환상에 사로잡혀 있었기에, 삽입을 하다가 자신의 페니스가 질을 가로막고 있는 그 상상속 철문에 부딪혀서 깨질까 봐 두려웠던 것이죠. 그는 인공수정으로 아버지가 되는 수밖에 없었어요. 다시 필립 사례로 돌아와서, 앞으로 저는 그와 함께 몇 달 동안 분석치료를 통해 그의 손바닥에서 리비도를 철회시키고, 그렇게 해서 페니스-손바닥 커플을 해체시킬 수 있기를 바라고 있습니다.

페니스-손바닥 사이의 감각적 접합을 제가 제스처로 해석했던 그 얘기로 다시 가볼까요. 환자의 손을 잡고 손바닥을 툭툭 치면서 내담자의 페니스가 손바닥에 붙어버린 거라고 말했던 이 해석은 분석가의 몸짓을 통해 구체화된 해석입니다. 이런 식의 개입은, 제가 종사하는 정신분석 분야에서는 결코 흔한 일이 아니라는 점을 여러분에게 분명히 해두고 싶군요. 저는 분석가로서 온전한 양심을 가지고 그렇게 한 것입니다. 저의 제스처는 자발적이고 담백한, 그러니까 전혀 감정이 실리지 않은 거였고, 환자도 동일한 단순함으로 그걸 받아들이면서 놀라운 진실을 깨달았죠.

분명히 해둘 말이 또 있습니다. 이 글을 쓰면서, 마치 제가 지금 상담현장에 있는 것처럼 여러분에게 상담 안에서 일어난 일을 보고하면서도 저는 굉장히 신경이 쓰입니다. 정신분석을 가르치고 사례보고를 하는 다른 동료들도 저와 같은 고민을 하겠지만, 노련한 분석가들은 자신들이 하는 말을 이제 갓 임상을 시작한 젊은 선생들이 어떻게 받아들일지에 대해 결코 무관심하지 않거든요. 젊은 분들이 우리처럼 노련한 임상가들이 작업하는 방식을 기계적으로 흉내 낼 위험성이 있다는 것을 우리는 잘 알지요. 이건 정신분석을 가르치는 사람들이 항상 직면하는 문제이기도 합니다. 제가 환자의 손을 만졌다고 여러분에게 말하면서, 저는 이 점 또한 분명히 해두고 싶었어요 – 제가 임상경험을 30년 정도밖에 하지 않았다면 결코 이런 식의 행동은 하지 않았을 거라고, 50년 넘게 정신과의사로 정신병리학 교수로 또 정신분석가로 일한 후에야 비로소 이런 식의 개입을 과감하게 한 거라고! 이 책을 읽는 젊은 분석가들에게 당부 드립니다. "당신 앞에 앉아 있는 내담자의 손을 절대 만지지 마세요." 노련한 상담가의 직감, 훌륭한 분석가의 도구적 무의식은 오랜 성숙의 열매입니다. 끊임없는 이론적 성찰과 오랜 임상 경험 후에야 올곧이 익는 열매지요.

주관성의 교정 : 세르쥬 사례

주관성의 교정이란 무엇일까요? 이에 대해서는 이미 필립 사례에서 언급했는데, 여기서 좀 더 깊이 알아보도록 하죠. 주관성의 교정이란, 초기면접을 정리하면서 갑자기 치유가 전개되는 축을 결정하는 효과가 있는 치료자의 말을 뜻해요. 이런 식으로 결론을 내려주는 치료자의 초기 언급은 몇 년 후, 치료 종결 시점에서 환자의 기억으로 다시 떠오르곤 하죠. 치료자는 아직은 잘 모르는 환자에게 그가 초기면접을 통해서 이해한 내용을 종합 정리해 줌으로써, 환자 스스로 장애들의 원인에 대해 잘못 생각해온 그 시선을 변형시켜 줍니다. 그럼으로써 교정 효과를 가져오게 되죠. 저는 첫 만남에서부터 환자 자신이 불행에 대해 해석해온 그 왜곡된 시각을 치료자가 수정해 주는 것이 좋다고 생각합니다.

우울증으로 상담을 찾은 세르쥬의 예를 한번 봅시다. 그는 과도한 업무로 이런 상태에 왔다고 생각하고 있었어요. 그는 일에 에너지를 다 쏟아부어서 우울증에 빠지게 됐다고 확신하고 있었죠. 저를 찾아오는 다른 대기업 임원들처럼 세르쥬도 소위 번아웃이라는 유행어로 자신의 고통을 정의하고 있었어요. 청년시절부터 있어 왔던 그의 우울 증상에 대해서 얘기를 나눈 뒤 저는, 무슨 일이 있어도 꿈쩍 안 할 것 같은 굳건한 그의 남성적 외모와 달리 공포로 가득 차 있는 어린아이 같은 그의 눈빛을 보고 당황한 나머지 그에게 우울증의 원인에 대해 달리 생각해 보라고 제안했어요.

저는 그의 우울은 이미 오래된 심각한 불안이 현재에 드러난 거라고 말했어요. 또 그는 우울증 환자라기보다 아동기부터 불안을 겪어 왔으며, 회사 보스에게 해고당하면서 이 추락을 사랑의 철회로 경험한 것이라고 말했지요. 그리고 또 – 언제나 초기면접 끝 무렵에 – 이렇게 말했어요. 아동기 이래로 그의 주된 정서는 불안, 즉 더 이상 사랑을 못 받을까 봐 타인의 사랑 안에서 안전하게 살지 못할까 봐 걱정하는 공포였으며, 현재의 우울은 더 이상 사랑받지 못할까 봐 떠는 불안의 거품 같은 것이라고. 사랑을 잃을까 두려워하는 그 마음이, 이미 오래 전부터, 그에게는 너무 심해서 사랑 상실의 조짐이 조금만 보여도 붕괴되고 우울에 빠졌던 거라고...

여러분은 불안과 우울이 다르다는 걸 아셔야 해요. 불안은 사랑을 잃을까 두려워하는 마음이고, 우울은 사랑을 잃어버렸다는 느낌이지요. 세르쥬의 경우는 불안이 그 사람됨의 진정한 심층에 있었고, 우울은 사랑의 거절로 경험된 그의 해고에서 촉발된 하나의 반응에 지나지 않았어요. 해고된 기업체 임원들이 모두 다 우울증에 빠지는 건 아니에요. 타인이 주는 사랑 안에서 안전하게 거하려고 하는 사람들만이 자신의 해고를 유기로 경험하죠.

주관성에 교정을 주는 해석은 초기면접 끝 무렵에 명확하게 들어오는 생각에서 영감을 받는데, 이러한 생각은 환자의 얘기를 들으면서 제 안에서 저도 모르게 무르익게 되지요. 이런 생각이 어떻게 올라와서 명확한 해석으로 정리되는지 단계별로 한번 볼까요?

첫 회기에서 세르쥬의 얘기를 들으면서 저는, 이 환자가 매우 불안한 엄마로부터 과잉보호를 받은 아이라는 생각이 선명하게 올라오는 걸 느꼈어요. ⇨그 이후 생각들을 정리해보면, 6-7세부터 이미 과잉보호로 연약해진 아이는 사소한 반대에도 불안에 떠는 아동이 되었고 ⇨성인이 된 후로는 자신도 모르게, 자기와 가까운 사람들에게 무조건적인 사랑을 받으며 직장 상사들에게도 자신이 중요한 사람으로 인정받고 있음을 절대적이고 항시적으로 느껴야만 했어요. 보호적인 사랑이 그에게는 떨어지면 안 되는 마약이었던 거죠. ⇨그러다가 갑자기 해고를 당했고 해고를 사랑의 상실로 경험한 것입니다. ⇨그래서 자기에 대한 부정적인 생각, 권태, 신체적 피로, 뼛속까지 파고드는 슬픔 등의 우울 증상이 생긴 것이지요.

엄마를 지키는 아기 : 클라라

특히 놀라운 효과가 있었던 주관성의 교정 사례를 하나 소개해 드리죠. 치료자의 해석이 너무나 강력해서 한 회기만에 증상이 사라진 경우예요. 내담자의 잘못된 주관적인 시각을 바꿔주는 이러한 해석이 항상 이처럼 놀라운 결과를 가져오는 건 아니에요. 하지만 분석가에게 환자들을 치료하는 능력이 있다는 것을 아름답게 보여주는 사례이기에, 여러분과 그 장면을 나누고 싶군요.

클라라는 10개월 된 여아였는데 엄마가 제게 데려왔지요. 클라라는 아기들한테서 흔히 볼 수 없는 창백한 얼굴에 발육 상태도 정말 안 좋았어요. 작은 몸은 기운 없이 축 늘어져 있었고, 거의 먹지도 자지도 않는 아기였지요. 하루에 겨우 3시간을 잘까 말까. 엄마는 소아과의사들을 여러 명 거쳤지만 아무 소용도 없었다고 했어요. 또 전에는 애기가 많이 울었는데 얼마 전부터는 전혀 잠을 안 자고 항상 슬픈 눈을 하고 있다고 걱정이었어요. 첫 회기에 클라라는 무력하고 무표정한 얼굴로 엄마 무릎 위에 널브러져 있었지요. 어떤 순간에 저는 어머니에게 당신은 밤에 주무시냐고 물었어요. "거의 못 자요 선생님! 애가 안 자는데 어떻게 자요?" 더 자세히 알고 싶어서 제가 물었습니다. "조금 잔다는 그 시간에는 잘 주무십니까?" 어머니가 멈칫 하다가 대답했어요. "실은 잠이 들자마자 무서운 악몽 때문에 바로 깨요. 꿈에서 언니가 제 앞에 환영처럼 나타나 울면서 제게 말을 시키거든요."

"어떻게 그런 일이?" 제가 묻자 클라라의 엄마가 말해 줍니다. "8개월 전에 드라마틱하게 자살한 저의 언니예요. 클라라가 태어나면서부터 밤마다 이 악몽을 꿔요." 그러면서 그녀는 흐느끼기 시작했어요. 순간 저는 울고 있는 엄마를 보면서, 클라라에게 몸을 돌려 아이도 분명히 들을 거라고 확신하며 이렇게 말했습니다. "있잖아, 클라라. 난 네가 왜 안 자는지 알았어. 넌 엄마가 위험하다고 느껴서 엄마를 보호하려고 안 자는 거잖아. 이제 엄마가 왜 우는지 알았으니까, 내가 해결할게. 약속하마. 이제부터 엄마 슬픔은 내가 돌볼거니까 넌 편안히 자도 돼!" 이렇게 말하자 아이는 제게로 머리를 돌려 감동이 어린 초롱초롱한 눈빛을 보내 왔어요. 처음에 본 그 흐리멍덩한 눈빛은 찾아볼 수 없었지요. 어린 클라라는 생명을 다시 찾은 듯이 몸을 곧추세우고 엄마 품을 파고들면서 엄마 팔에 자기 머리를 편안히 뉘었어요. 물론 아기가 제 말뜻을 알아들은 건 아니었지요. 그냥 제 말에 실린 정서적인 운율을 들었던 겁니다. 클라라에게는 저의 운율이 포근히 감싸주는 어떤 든든한 음악이었던 것이죠.

3일 후 모녀를 다시 봤을 때, 클라라는 다른 아기가 되어 있었어요. 엄마도 변화되어 있었지요. 무슨 일이 생긴 걸까요? 저의 교정적인 해석이 아기에게 짐을 덜어주었던 겁니다. 이제 네 엄마는 내가 돌보겠다고 약속하면서 제가 어린 아기가 감당하려고 했던 그 불가능한 숙제에서 클라라를 해방시켰던 것이죠. 그때까지만 해도 클라라는 모성적 돌봄을 못 받고 있었어요. 온통 슬픔에 빠져 있었던 엄마는 클라라를 온전히 품어줄 수가 없었지요. 그래서 아기가 나이보다 조숙해지고, 엄마를 지키려고 초인적인 힘을 썼던 것입니다. 그건 엄마를 향한 사랑 때문이기도 했지만 생존본능의 문제이기도 했지요. 클라라에게는 자기를 품어줄 강력한 팔이 필요했어요. 엄마를 지키기 위해서 끊임없이 불침번을 서느라 탈진한 상태였으니까요. 클라라는 아직 구강기 연령에 있었지만 조숙하게도 아기가 홀로서는 항문기를 살고 있다는 인상을 주었어요. 절망 상태에서도 엄마의 엄마가 되어 주려고 아기로서는 너무 먼 길을 갔기 때문이죠. 그래서 제가 "엄마는 내가 돌볼 테니 너는 편히 자도 돼." 이런 감동적인 말로 아기에게 새롭게 힘을 주었던 거예요. 이 말은 이런 뜻이었어요. "네 자신으로 돌아가렴. 아기다운 천진함을 되찾고 편히 쉬라구!"

어떻게 이런 말이 제게 생각날 수 있었을까요? 어떻게 주관성을 교정해 주는 이런 해석이 제 안에서 올라왔을까요? 클라라의 엄마가 울음을 터뜨리는 걸 본 순간 저는 아기의 고통이 연약한 이 엄마를 힘껏 안아주고자 한 데서, 엄마의 엄마가 되고자 한 데서 온 것임을 알았습니다. 이런 앎은 어떤 성찰의 결과가 아니라 제 영혼을 섬광처럼 비추면서 등장했어요. 이 순간이 오기 전에는 아기가 왜 슬프고 잠을 안 자는지 저도 이해를 못했었지요. 클라라 엄마의 흐느낌을 듣고서 그녀가 언니의 죽음을 얼마나 힘들어하는지 보고서야, 저도 즉흥해서 클라라에게 몸을 돌리고 제 안에서 올라오는 것들에 집중한 다음 비로소 이 어린 젖먹이가 자신도 모르게 느껴야 했던 그 고통스런 긴장들을 절절히 느낄 수가 있었지요.

그때 제가 절감했던 것은 무엇일까요? 저는 어린 클라라가 무의식적으로 자기 몸을 마비되고 움츠러든 몸으로, 더 이상 안아주지 않는 엄마의 팔을 찾아서 앞으로 돌진하는 몸으로 자기 몸을 경험하고 있다고 느꼈어요. 심지어는 등이 떨어져나간 이상한 몸이 상상되기도 했어요. 엄마의 안아주는 팔을 빼앗겼기에, 그 팔 안에서 형태지어지는 아기의 등도 함께 떨어져나간 그런 기괴한 몸이 그려졌지요. 사실 제가 본 환상 속의 몸은 슬픈 아기의 힘없는 몸과는 정반대였어요. 자기 능력에 넘치는 걸 이루려고 필사적으로 노력하는, 과도하게 흥분된 아기의 지나치게 활성화된 몸이었지요. 제 앞에 누워 있는 완전히 탈진한 젖먹이 안에서 저는 정신내적인 청취를 통해 앞을 향해서 지나치게 긴장된 몸을 하고 있는 아기를 볼 수 있었어요. 요점은, 분석가의 청취 속에 나타나는 무의식적인 몸이 실제로 분석회기에서 볼 수 있는 아기의 몸과는 정반대로 다를 수 있다는 점입니다.

*

이 장을 마무리하면서 앞에 소개한 다양한 해석의 방법들을 다시 요약해 봅니다. 이야기적 해석은 '검은 수트를 입은 사나이' 사례에서 보았듯이, 내담자의 무의식적인 환상속 이야기의 주인공에 분석가가 동일시해 환자에게 들려주는 이야기 형태를 띠는 해석이라고 할 수 있어요.

시릴 사례에서 보았듯이, **해석적 활유법**은 내담자의 무의식적 환상 장면에 등장하는 조연에게 분석가가 대사를 부여해 주는 방식입니다. 상담 현장에 와 있지 않지만 환자가 스스로를 동일시하는 그 조연인물에게 말을 하도록 하는 해석의 한 방법이지요.

제스처를 통한 해석은 프랑수아 사례와 필립 사례에서 보았듯이, 분석가가 내담자의 무의식적 환상의 핵심에

놓여 있다고 보는 행동을 연기함으로써 전달하는 해석입니다.

주관성의 교정은 우리가 필립, 세르쥬, 클라라 사례에서 보았듯이 바로 첫 회기부터 환자가 자기 증상에 부여하고 있는 잘못된 의미를 분석가가 교정해 주는 것입니다.

요컨대, 이야기적 해석에서는 분석가가 환상속 주인공에게 동일시하고 그가 주는 해석은 이야기 형태를 띱니다. 해석적 활유법에서는 분석가가 내담자의 환상속 드라마의 조연에게 동일시하며, 해석은 대화 형태를 띱니다. 제스처를 사용한 해석에서는 분석가가 환자의 환상에 기인한 그의 행동에 동일시하여 말과 몸짓으로 그 행동을 시연하는 방법을 씁니다. 주관성의 교정은 분석가가 내담자의 환상속 주인공과 동일시하면서 듣다가 첫 회기를 마무리하면서 해주는, 치유의 장을 열어주는 해석을 뜻합니다.

위 4가지 형태의 해석은 모두 다 창조적인 해석입니다. 그 근원이 분석가에게 있다는 점에서 창조적이고, 환자에게 변화를 가져온다는 점에서 또한 창조적이죠. 또 임상가가 행한 정신내적인 탐사에서 자생적으로 우러나온 해석이라는 점에서 창조적이지요. 이러한 해석들은 예상을 할 수가 없어요. 치료자가 표현을 해나감에 따라 말이나 행동이 자연스럽게 흘러나오니까요. 이런 해석에 사용된 말이나 제스처는 미리 설정되거나 예정된 것도 아니고 성찰로 얻어진 결과물도 아닙니다. 물론 성찰이 이런 갑작스러운 해석의 솟아오름에 필수적 조건이긴 합니다. 분석가도 모르게 창조적인 해석은 적당한 시기에 저절로 튀어나오길 기다리며 암암리에 준비가 되지요. 자신의 도구적 무의식이 말하도록 가만히 둘 수 있는 용기가 있으려면 분석가에겐 많은 노력이 필요합니다. 임상에 비옥한 열매들이 맺힐 수 있도록 탄탄한 이론 공부와 함께 자신을 부단히 연마해야 하지요.

이런 해석들은 환자에게 변화를 가져온다는 점에서 또한 창조적입니다. 그런데 창조한다는 건 무엇인가요? 창조란 해묵은 요소들을 가지고 새로운 조합을 만들어 낸다는 뜻입니다. 실은 분석가의 행위가 그러한 것이죠. 이미 환자가 안에 가지고 있는 온갖 것들을 가지고 새로운 조합을 이끌어내는 것이 분석가의 작업이지요. 이미 있는 것에 더하기도 빼기도 하지 않으면서, 환자 스스로 남성이나 여성으로서 자기가 갖고 있는 모든 잠재적 자원을 현실에서 꽃피워낼 수 있도록 도와주는 것이죠.

*　*
*

4부

치유는 수수께끼로 남는다

환자가 치유되었는지 어떻게 알 수 있나요?

지금까지 해온 얘기들을 마무리할 때가 되었군요. 저는 중요한 질문 하나에 답하면서 이 책을 맺고 싶어요 – 환자가 치유되었는지 어떻게 알 수 있나요? 물론 어떤 환자도 완벽하게 낫지는 않습니다. 더구나 정신분석은 다른 치료법들이 하는 것처럼 모든 환자를 치료한다거나 확정적으로 치료하지도 않지요. 고통의 한 조각은 항상 남아있을 테니까요. 삶에 내재돼 있는, 생명에 필수적인 고통들은 여전히 남지요. 고통 없이 산다는 건 사는 것도 아니죠.

하지만 더 이상 환자가 아니라는 것을 확인시켜 주는 지표들은 있어요. 내담자의 사람됨은 바뀌지 않았어도 그 영혼은 변화되어 있죠. 구체적으로 뭐가 변한 걸까요? 분석 받기를 잘했다며 행복한 모습으로 치료를 종결한 모든 내담자들을 떠올리며 이 질문에 답해보지요.

- 회복된 환자는 자신의 결점을 인정하고, 자기의 장점을 과장됨 없이 소중히 여깁니다. 자신은 이제 세상에서 가장 비참한 인간도 최고로 뛰어난 인간도 아닙니다.

- 회복된 환자는 자신을 있는 그대로 사랑하기 때문에, 자기 가족이나 동료들에게 더 관대합니다. 정신분석의 과제는 사람들을 정상으로 만드는 것이 아니라 그들 안에 비갈등적인 대화가 일어나도록 촉진하는 것입니다. 그래서 살아갈 맛이 나게 해주는 것이죠.

• 회복된 환자는 잃는다는 것이 결코 모든 걸 잃는다는 뜻이 아님을 알게 됩니다. 살아있는 한 모든 것을 잃은 게 아니라는 것을. 이런 깨달음은 불가피하게 닥쳐오는 인생의 시련들을 이겨 나갈 수 있게 해주죠.

• 회복된 환자는 애처럼 구는 걸 더 이상 부끄러워하지 않습니다. 그는 성숙한 남성이나 여성이 된다는 것은 아동기로 퇴행할 줄도 안다는 것임을 이해해요. 자신이 원할 때 스스로 애처럼 굴어도 모멸감을 느끼지 않지요. 치유되었다는 것은 과거에 나였고 지금도 내 안에 사는 그 아동을 사랑할 수 있다는 것이니까요.

• 여성이건 남성이건 회복된 환자는 자신이 의존돼 있다는 느낌을 불편해하지 않아요. 훈육에 따르고, 상사의 명령에 복종하고, 남편이나 아내의 지시에 따른다 하더라도 자신이 종속돼 있다고 느끼거나 모멸감을 느끼지

않지요. 아이처럼 구는 건 터무니없다거나 의존돼 있는 자기 모습을 보이는 건 불명예스럽다고 생각하는 것이야말로 취약함을 보여주는 것으로, 이는 환자가 아직 신경증에서 못 벗어났다는 증거지요. 이 두 치유의 지표들을 한 데로 묶어보면, 치유되었다는 것은 유치하게 구는 것을 두려워하지 않고, 자신이 의존돼 있다는 느낌을 부끄러워하지 않고 살아간다는 것을 뜻해요.

- 회복된 환자는 갈등을 관리하는 능력이 있고, 타협할 줄 알며, 사랑하는 사람들과 이들을 서로 이어주는 사랑을 가꿀 줄 알고, 나아가 자신과 비슷한 사람들을 돌볼 줄 압니다.

- 회복된 환자는 종종 불안 분노 질투에 압도당하지만 내적으로 통합된 느낌이 듭니다. 따라서 자기 내면에 모순된 움직임들을 공존하게 할 수 있지요. 사랑과 증오, 용

기와 비겁, 관대함과 이기심, 겸손과 오만 등 많은 대립되는 충동들을 자기 내면에 공존시킬 수가 있어요.

- 회복된 환자는, 일어난 그 사건이 문제가 아니라 그 사건을 살아내는 방식이 문제라는 것을 깨닫습니다.

- 회복된 환자는 어려운 일이 닥쳐와도 덜 요동하게 되고 보다 빠르게 회복합니다. 어떤 일도 결정적이거나 절대적이거나 완전하지 않다는 걸 깨우쳤기 때문이고, 자기 안에 언제나 확고한 자원들이 있다는 걸 알아냈기 때문이지요. 치유되었다는 것은, 아무리 비극적인 사건이라 하더라도 예상치 못한 일에 적응할 수 있다는 것이며 그에 대처할 능력이 있다는 뜻입니다.

치유라는 신비

정신분석과 치유에 대해 제가 말하고 싶었던 것은 다 얘기한 것 같습니다. 성찰을 마치면서 우리가 이 책에서 제기했던 모든 질문을 하나로 묶어주는 질문을 한 가지 더 나누고 싶군요. 환자의 상태가 왜 저렇게 확연히 좋아졌는지 이해할 수 없는 순간들이 있습니다. 급격히 호전된 그 이유는 잘 모르지만, 저는 치유를 고집스럽게 추구하진 않아도 환자의 회복을 위해 할 수 있는 건 다 하는 편입니다. 신경증에서 회복에 이르도록 해주는 치료의 규약은 전부 다 지키죠. 다시 복습해 볼까요. 1. 관찰하기 2. 환자의 불행의 원인을 이성적으로 이해하기 3. 정신내적인 탐사를 행하는 치료자를 본받아 환자도 상담회기들을 통해 주기적으로 자기 성찰에 들어감 4. 분석가 본인이 자기 내면으로 들어감으로써 환자에게 자기 내면을 탐사하도록 길을 열어준 다음, 환자와의 동일시를 통해 그의 무의식에 억압돼 있는 감정들을 찾아내어 환자에게 전달함. 이렇게 해석을 통해서 환자가 스스로에 대해 갖고 있는 부정적인 지각을 알아차리게 함. 이로 인해 증상이 감소됨 5. 치료가 끝나면서 내담자가 자기 삶에 왕성하고 적극적으로 참여하는 모습을 보게 됨

지금까지 환자와 분석가가 함께 따르는 치료의 규약들을 살펴보았어요. 치료 프로토콜은 환자를 분명히 좋아지게 하지요. 하지만... 치유의 궁극적인 동력이 무엇인지는 저도 모릅니다. 이건 주저 없이 인정해야 하는 부분이지요. 갑작스럽게 일어나는 치유는 분석가들에게도 수수께끼로 남아있어요. 정신분석의 온갖 이론들은 이 질문에 대답하려는 거대한 시도에 불과하지요. 분석가들은 고통에서 해방된 환자와 마지막 회기를 마치고 나서 자문해 봅니다. 더 이상 내 환자가 아닌 내담자와 마지막 악수를 나누고 상담실의 문이 닫히는 걸 보면서 분석가가 자신에게

던지는 질문은 이렇습니다. '무슨 일이 일어난 거지? 환자가 저렇게 잘 지내게 된 데는?' 모든 성공적인 치료 끝에서 저도 항상 이 같은 질문을 던지지요. 딱히 답은 찾지 못하면서...

그러니 분석가가 자신에게 제시할 수 있는 최선의 슬로건은 앙브루아즈 파레의 유명한 격언에서 따올 수 있지 않을까요? "나는 그에게 붕대를 감았고, 신은 그를 치료했다." 저는 다음과 같은 말로 책을 마치고 싶어요. "나는 분석가의 무의식을 동원해 마음을 다하고 뜻을 다하고 힘을 다하여 환자를 경청합니다. 하지만 그를 낫게 하는 분은 알 수 없는 그분이시죠."

* *
*